Mark Daniel

BAHN-BINGO

Geschichten, die ankommen

Eulenspiegel Verlag

WAGENREIHUNG

VORBEMERKUNG

Kaputte Fahrzeuge, marodes Streckennetz, Verspätungen, Personalmangel, falsche Wagenreihung, Oberleitungsschaden. Der Kauf eines Tickets der Deutschen Bahn gleicht einer masochistischen Handlung.

Vor allem die Fraktion der Autofahrer wusste es schon immer: Bahnfahren, das bringt es nicht! Allerdings vergessen sie die eigenen Leidensgeschichten. Die ADAC-Statistik von 2023 listet 504 000 Staus auf einer Gesamtlänge von 877 000 Kilometern auf. Sie kommt auf 427 000 Stunden verlorene Zeit.

Besonders blöd dabei: Während man sich einsam am Lenkrad die Räder in die Karosse steht, kann man sich nicht mal besaufen. In Bahnen schon. Falls das Bordbistro funktioniert.

Bahn-Bingo – das ist ein Glücksspiel und ein bisschen wie Wichteln zu Weihnachten: Man hat immer die Chance, etwas zu gewinnen, was man nie haben wollte. Wurden Sie schon mal aus einem Zug evakuiert? Haben Sie jemals den Atem der Ostsee-Dampflok Molli auf Lunge genommen? Die Punker erlebt, wie sie mit dem Deutschland-Ticket den Reichen Sylt entrissen haben? Wussten Sie, wie Haarspray im Zug hilft, wenn man die Ankunft nach hinten verschieben will?

Ach, es gibt so viel zu erzählen! Bitte einsteigen, die Türen schließen selbsttätig. Und wegen etwaiger Pannen machen Sie sich mal keine Sorgen. Ein netter DB-Angestellter sagte mir dazu: »Pannen gibt es nicht, das ist Programm. Unterhalten ohne aufzuhalten!«

TESTFAHRT INS ABENTEUER

Nur ein Wunder kann noch helfen. Es ist Mittwoch-Nachmittag, kurz vor fuffzehn Uhr im ersten Jahr des Deutschland-Tickets. Ich stehe an Gleis 2, umzingelt von einer Masse aus Menschen, von denen jeder Einzelne weiß: Ich erreiche mein Ziel nur, wenn ich die anderen aus dem Weg räume. Personendichte und Kampfbereitschaft generiert das 9-Euro-Schnäppchen, das ultimative Discount-Produkt im Angebot öffentlicher Personenbeförderung. Es provoziert Szenen, die man bislang nur vor der 7-Uhr-Öffnung von Aldi-Filialen kennt, die an diesem Tag Nachbauten von Thermomix-Modellen im Angebot haben. Jetzt also das Supersonderding für Bus und Bahn, und ich mittendrin. Zu allem Übel habe ich mir einen nicht zu unterschätzenden Nachteil verschafft: Ich will nicht nur mich in eins der wenigen Abteile zwängen, sondern auch mein Fahrrad. Genauso könnte man versuchen, eine Tischtennisplatte in einer Besenkammer auszuklappen. Zumal zwei Meter neben mir der größte Feind fahrradmitnehmender D-Ticket-Inhaber lauert: ein Kinderwagen. Laut Regel haben Rollstühle und Kinderwagen Priorität. Ich blicke in das verkniffene Gesicht einer Mutter, die den waagerechten Griff des Gefährts, in dem die Brut vor sich hin brabbelt, umklammert wie einen Schlagstock – bereit, ihn mit einem Ruck aus der

Verschraubung zu reißen und mir über den Schädel zu ziehen.

Aber dann passiert es tatsächlich, das Unglaubliche: Eine Fahrgasttür der S-Bahn Richtung Wittenberg hält exakt vor dem abgewetzten Profil meiner Sneaker, die Zeitzeugen der modischen Prähistorie wie ich noch Turnschuhe nannten.

Pole-Position! Kaum hat der Waggon die gefühlt 180 Leute auf den Steig des Leipziger Hauptbahnhofs gekotzt, kann ich als Erster das Rad reinschieben und am Stellplatz verankern. Sekunden danach kommt neben mir der Kinderwagen mit quietschenden Reifen zum Stehen. Die mütterliche Fahrerin offenbart eine Spur mimischer Entspannung: Es ist für uns beide Platz!

Ich atme auf, wenn auch nur kurz. Denn nun quetschen sich ungezählte Torsi und daran hängende Extremitäten hinein. Sie tragen Rucksäcke, Isomatten, Zelte, Schlafsäcke. Kurz nachdem das Abteil vakuum-verpackt ist, setzt es sich in Bewegung. Ich bestaune eine Szenerie, die eine jahrzehntealte Erinnerung in mir wachküsst: vollgestopfte Züge, blutjunge Menschen in einer Kulisse aus Camping-Utensilien, dazu das Spezialaroma aus Bier, Käsemauken und Schweiß – das Interrail-Feeling der frühen Neunziger ist zurück, in denen wir mit viel Enthusiasmus und wenig Geld durch Europa reisten, die Züge in Portugal, Spanien, Italien oder Frankreich verstopften, in den Gängen übernachteten, Weinflaschen kreisen ließen und rumknutschten. Freiheit und Anarchie mit Gleisanschluss.

Stellt sich dreißig Jahre später die Frage: Was machen all die Postpubertierenden hier, und warum sind es so viele?

»Wir fahren zum Melt«, verrät ein Typ zwischen zwei Schlucken. Großartig! Da habe ich mir als Testfahrt für den 9-Euro-Hype ausgerechnet einen Nachmittag ausgesucht, an dem das Pop- und Elektro-Festival Zehntausende nach Ferropolis zieht. Gleich zum Start die Nagelprobe schlechthin.

Doch die Information beruhigt mich, denn damit ist klar: Die Meute muss in Gräfenhainichen raus – eine Station vor meiner. Es besteht also die hohe Wahrscheinlichkeit, an mein jetzt von Dutzenden Leibern versperrtes Fahrrad zu kommen. Da macht es gleich weniger aus, fünfzig Minuten zu stehen. Zumal es in den Folgebahnhöfen Anderen deutlich schlechter geht. Durch die Scheibe sehe ich an den Bahnsteigen von Leipzig-Messe oder Delitzsch, wie sich weitere potenzielle Melt-Besucher entnervt auf die Fahrradlenker stützen, als ihnen klar wird: Wir müssen leider draußen bleiben.

Drinnen ist die Stimmung trotz der Enge nicht übel, vielleicht sogar wegen ihr. Bierdosen zischen, Namen von DJs werden getauscht, Zigaretten auf Vorrat gedreht. Das Baby der besagten Mutter glotzt aus dem Kinderwagen in die Runde und bleibt am Gesicht einer Oma hängen, das mit überzogener Mimik versucht, ein Grinsen über den Mundschutz hinaus zu transportieren, der Vorschrift ist.

Ein Typ neben mir pfeift auf die Maske und zelebriert Fressefreiheit, gelegentlich am Getränk nippend und erzählend, dass er aus Nürnberg komme. Natürlich nutzt er das Deutschland-Ticket.

Inzwischen hat das Baby mich entdeckt und versucht, mich mit schwer widerstehlichem Lächeln aus der Reserve zu locken. Ich zwinkere und lupfe kurz die FFP2, um zurückzugrinsen, als die Durchsage kommt: »Nächster Halt: Gräfenhainichen.«

Ich frohlocke. In weniger als zwei Minuten wird dieses Abteil nur noch mir gehören, dem Säugling, seiner Mutter und der Oma. Wir hätten Platz wie Sau, wie Robinson Crusoe und Freitag auf der Insel, ich könnte hier mit dem Kinderwagen um die Wette fahren!

Seltsam allerdings, dass lediglich etwa die Hälfte der Campinggesellschaft den Zug verlässt. »Ähm, wolltet ihr nicht zum Melt?«, frage ich den maskenlosen Nürnberger.

»Nee«, sagt der, »wir müssen weiter nach Niedergörßdorf, da ist auch ein Festival!«

»Ach«, sage ich, »cool«, und versuche meine Entgeisterung unter Kontrolle zu halten. An der nächsten Station muss ich raus, mein Rad ist noch immer umzingelt von Zelten und deren Besitzern. Mit Kraft, Mühe und Geächze gelingt es mir, mein Gefährt gerade so aus dem Pulk herauszuziehen und zu -heben. Und auszusteigen.

Ein wenig erschöpft bin ich. Muss durchatmen. Aber bevor ich losradle, schreibe ich noch eine Nachricht an meine Holde. »Deutschland-Ticket ist ein Abenteuer! Lass uns damit Sommerurlaub machen.«

Auf der Rückfahrt zwei Tage später gehöre ich zu denen, die mit Rad nicht mehr in den Zug gelassen werden und sich auf ihr Lenkrad stützen. Aber das ist ja nur wegen Melt und Niedergörßdorf, denke ich. Ähm, oder?

Durchsage

Liebe Fahrgäste, wegen der Zugverspätung
gehen alle Getränke im Bordrestaurant aufs Haus,
solange der Vorrat reicht. Und: Die Restaurant-Crew
steigt am nächsten Bahnhof aus!

Durchsage

Sehr geehrte Damen und Herren,
wir bitten Sie darum, uns NICHT dabei zu helfen,
Verspätung zu sammeln durch Blockieren der Türen.
Das bekommen wir schon ziemlich gut selber hin.

Durchsage

Dieser Zug ist kein Adventskalender.
Bei uns dürfen Sie immer alle Türen benutzen.

EXKLUSIVE PERFORMANCE IN KASSEL

Aus der Bananenkiste ragen zwei Ohren. Zwei fellige, wuschlige Ohren. Dazwischen fixieren mich schwarze Augen. Der Teddy ist ziemlich schmutzig, vermutlich uralt und offenbar gelangweilt. Neben ihm liegen eine Küchenrolle, zwei Kochtöpfe, eine Pfanne und ein mittelgroßer Affenbrotbaum. Die Besitzerin stellt die Kiste auf die Gitterbank der Straßenbahnhaltestelle, schnieft, grabbelt in der Umhängetasche und zieht eine Packung Tabak samt Blättchen heraus.

Da hat aber jemand ordentlich zugeschlagen beim Flohmarkt, denke ich. Oder will die junge Frau mit dem tätowierten Backenzahn auf dem Unterarm (by the way, warum tätowiert sich jemand einen Backenzahn auf den Unterarm?) die Sachen auf dem Trödel loswerden?

Noch fünf Minuten, dann soll Linie RT1 Richtung Documenta-Halle losfahren. Flohmarkt auf der Documenta, das hätte was, denke ich. Soeben sind Maike und ich in Kassel angekommen, haben die Rucksäcke im Hotel deponiert und sind gleich los, um zum Mekka der ausstellenden Kunst zu rollen. Die ist besonders interessant geworden wegen eines Kunstwerks, das man dort nicht sehen kann. Klingt bekloppt, ist aber so.

Ein indonesisches Künstlerkollektiv mit Namen Taring Pari hat auf der Documenta ein exorbitantes Triptychon enthüllt, das antisemitische Motive zeigt. Nach dem öffentlichen Eklat könnte man sich fragen, wie es das Großplakat »People's Justice« geschafft hat, zwanzig Jahre alt und schon woanders ausgestellt worden zu sein, ohne dass es eins vor den Ballon gab. Dass die Gruppe das Entsetzen gar nicht so richtig versteht und dachte, man könne so etwas im meinungsfreien Deutschland zeigen, macht die Sache alles andere als besser. Wollen mal hoffen, dass die Stelle, an der »People's Justice« hing, nicht zur meistbeachteten der Documenta wird.

Aber so weit sind Maike und ich ja noch nicht.

Hier und jetzt staunen wir eher, dass neben der jungen Zahn-Tätowierten ein junger Typ eine Stehlampe und einen zweiten, schweren Karton voller Schallplatten auf den Bahnsteig wuchtet. »Hoffentlich klappt alles«, raunt die Frau ihm zu, mit Sorge und inzwischen einer Zigarette im Gesicht.

»Wird schon, Jessy«, sagt der mit den Schallplatten. »Naja, vielleicht wird's 'n bisschen tricky, wenn Jil-Chantal und Finn-Luca einsteigen.«

Jil-Chantal und Finn-Luca, denke ich, das sind keine Namen, das ist eine Diagnose. Und gerade biegen auch zwei um die Ecke, denen man ohne weiteres zutraut, so zu heißen. Sie trägt rosa Stiefeletten und Dutt, er ein Jack-Wolfskin-Pfadfinder-Imitat und Dutt. Und zwischen beiden federt, mit Mühe gestemmt, eine King-Size-Bettmatratze auf uns zu. Der Anblick der Liegefläche voller dunkler bis gelblicher Flatschen, von denen man nur hoffen kann, dass sie von verschüttetem Kaffee her rühren, lässt uns erschaudern. Die wollen doch nicht etwa…?

Doch, die wollen. Spätestens klar wird das, als die RT1 auftaucht und Jessy samt Kumpane ihre Utensilien anheben. Nee, kein Massenkauf auf dem Flohmarkt – das hier ist ein Umzug. Mit Straßenbahn. Die übrigens auch so schon verflucht gut gefüllt ist. Schon rein aus Neugier und Faszination suchen wir uns denselben Wagen wie die verrückten Vier aus. Richtig rekapitulieren lässt es sich nicht, aber irgendwie bekommen sie es hin, alles in das Abteil zu stopfen. Auch die Matratze. Das eine Ende, ein paar Resthaare deuten auf das Kopfteil hin, drückt sich sacht an mein Becken, das andere in zwei Metern Entfernung an einen Rollator.

Großes Getöse im Wagen. »Was soll das denn werden?« ruft ein Opa mit speckiger Ledermütze, »Wie geil ist das denn?« kreischt eine von drei pubertierenden Mädchen und »Könnten Sie bitte den Stecker von der Lampe aus meinen Nasenlöchern nehmen?«, fragt eine junge Mutter mit Baby auf dem Arm. Okay, das Letzte war gelogen, aber jedenfalls ist eine Sardinenbüchse ein Freigehege gegen diesen Zustand in der Bahn.

»Sorry«, ruft Jessy, die neben Maike steht, »wir sind auch am Friedrichsplatz wieder weg.« Maike nickt freundlich.

Friedrichsplatz? Dieselbe Haltestelle, die wir nehmen müssen, um zum Kunstgelände zu kommen. Vielleicht doch eine Performance zur Documenta? Schräge Sache, Kunst trifft Wirklichkeit!

Wie kriege ich raus, was dahintersteckt? »Macht ihr das öfter?«, frage ich vorsichtig in Richtung Finn-Luca neben mir und versuche vergeblich, die verkeimte Matratze auf Abstand zu halten.

»Nee«, sagt der und lacht. »Nur heute, Jessy zieht in ne neue WG.«

»Ach, sieh an«, sage ich. »Und wieso mit der Bahn?«

»Na Mensch, Deutschland-Ticket! Ist doch viel billiger als ein Transporter.«

»Stimmt. Cool. Mal was anderes. Und wann seid ihr durch?«

»Na, zwei Touren werden's noch sein. Das ist die dritte.«

»Respekt«, sage ich.

In diesem Moment stößt jemand beim Bemühen, auszusteigen, an Jessys Bananenkiste. Mit einem erstaunlich lauten »Mööööö« aus dem inneren seines Bauches fällt der Teddy heraus.

Bei Jennys Versuch, sich zu bücken, nimmt der Affenbrotbaum eine gefährliche Neigung an.

»Moment«, ruft Maike, die näher an der Pflanze als am Teddy ist. »Ich halte die Kiste so lange.«

»Oh, das ist aber nett«, sagt Jessy, reicht ihr den Karton und taucht nach unten.

An der Haltestelle steigen zehn Leute aus und null Leute ein. Das schafft Platz.

»Gut, dass Ihr keine Schrankwand dabei habt«, meint ein Mann im meinem Alter mit AC/DC-Aufnäher an der Jeans-Jacke und grinst.

»Die kommt noch«, bemerkt Jessy und grinst zurück, »ist aber auseinander geschraubt.«

Der Typ lacht und zeigt auf die andere Kiste. »Was hast'n für Platten?«

»Kannst ja mal gucken«, meint Jessy.

Der Typ bückt sich und blättert, dann stutzt er und zieht ein Cover hoch. »Boah, du hast die ›Parachutes‹ von Coldplay!«

»Ist von meinem Ex-Freund, der hat sie vergessen.«

»Verkaufst du die mir?«

Jessy überlegt. »Tja, wieso eigentlich nicht? Für 'nen Zwanni?«

Der Typ kratzt seinen grauen Drei-Tage-Bart. »Sagen wir 18. Das sind zwei 9-Euro-Tickets. Für Juli und August.«

Jessy lacht. »Ist 'n Argument. Hast du's passend?«

Er klappt sein Portemonnaie auf. Ich warte auf den Moment, in dem er ruft: »Kann jemand wechseln?«

Aber das ist nicht nötig. Eine Minute später hat Jessy knapp 200 Gramm weniger Transportgewicht, das macht schon was aus.

Dann kommt der große Moment. Friedrichsplatz. Das Umzugsunternehmen muss aussteigen. Wir auch. Maike hält noch immer die Bananenkiste und schleppt sie gleich mit raus. Ein schwer zu beschreibendes Gequetsche und Geschiebe nimmt seinen Lauf, die jungen Leute ächzen, stöhnen und fluchen – andere Fahrgäste ebenso. Ich helfe beim Hinausheben der Matratze, deren ehemals staubiges Kopfende sich an meiner Hose inzwischen sauber gerieben hat.

Die RT1 fährt weiter, draußen atmen wir alle auf.

»Danke nochmal«, sagt Jessy und nimmt Maike den Karton ab. Jil-Chantal und Finn-Luca hieven die Matratze allein weiter.

»Guten Umzug«, rufen wir noch.

Alle nicken freundlich, winken können sie ja nicht.

Maike schaut mich an. »Geile Tour«, sagt sie, und wir gehen weiter.

Und die Documenta? Ach ja, war ganz okay.

BESCHLUSS MIT WUMMS

Wie und wo wurde eigentlich das Deutschland-Ticket geboren? Wer hatte diese wahnwitzige Idee, die das Bahnwesen ins Chaos stürzte?

Ein zugespieltes Protokoll verrät exklusiv die Wahrheit. Das hat sonst niemand, versprochen.

24. März 2022, Nachtsitzung des Koalitionsausschusses in Berlin, Hinterzimmer. Kanzler Olaf Scholz, Vizekanzler Robert Habeck, Annalena Baerbock (Grüne) und Volker Wissing (FDP) vereint nach stundenlangem Gerede nur der Mundgeruch. Inzwischen ist es Morgen geworden. Sie haben über den Krieg in der Ukraine gesprochen, über die miese Stimmung in Deutschland, über Umfragewerte im Keller. Baerbock trägt Jogginghose, Habeck bringt immer mal wieder seinen Bart auf Drei-Tages-Länge, Wissing hat den Schlips um 0,5 Zentimeter gelockert.

Scholz: Kinners, wir sitzen hier jetzt seit acht Stunden. Ich hab keine Energie mehr.

Baerbock: Olaf, du bist ja sooo witzig. Wir haben alle keine Energie mehr, und die Bevölkerung hat bald keine Kohle mehr für Energie.

Wissing: Kohle ... Energie ... wo ist das Problem?

Baerbock: Volker, fang nicht wieder damit an! Kohle ist

keine Option! Und wir gehen hier nicht eher raus, bis wir eine Lösung haben.

Wissing: Was soll man da lösen können? Diesel und Benzin kosten wegen dem geistesgestörten Putin ein Schweinegeld. Was soll man machen? Ich meine, wir von der FDP vertreten eh Besserverdienende, die können sich das auch weiter leisten.

Habeck: Boah, Volker, hätte ich gewusst, was du für ein Arsch bist, hätte ich den Posten des Verkehrsministers genommen. Hoffentlich dringt das niemals nach außen, was du hier absonderst! Kann ja noch sehr lustig werden mit der FDP!

Wissing: Selber Arsch! Laberkopp!

Scholz: Kinners, jetzt beruhigt euch doch mal. Wir sind alle ein bisschen müde, lasst uns die Runde auflösen.

Baerbock: Und bei der nächsten kommt auch nix mehr raus – nee, Leute! Volker, es geht um Benzin, um Vorwärtskommen. Also lass dir was einfallen, du bist Verkehrsminister!

Habeck: Genau, Wissing ist Macht!

Wissing: Ach, das ist wie Klimawandel und Greta Thunberg. Ich zitiere meinen Parteichef Lindner: Da müssen Fachleute ran!

Scholz: Aber Volker, ich dachte, der Fachmann bist du – also, laut Amt!

Baerbock: Jaaa, war der Andi Scheuer auch, oder? Dieser arrogante Schmierlappen. Bei der Scheiße, die der gebaut hat, nicht zurückzutreten! Millionen Steuergelder hat der verbrannt! Und die

Botschaft dabei: Wenn schon Scheuer nicht zurücktritt, muss das keiner mehr.

Wissing: Richtig, deswegen durftest du ja auch trotz deines Buches und der geschönten Angaben weitermachen.

Baerbock: Das, äh, das ...

Habeck *(schnell)*: Volker, Klimawandel war schon das richtige Stichwort. Die Leute müssen weg von teurem Benzin und Autos. Der Krieg ist ein gutes Vehikel, die Mobilitätswende zu forcieren.

Scholz: Tja, Kinners, dann müssen wir an dieser Stelle die Bazouka rausholen!

Baerbock: Super, Olaf, dein Vergleich! Kommt gerade besonders gut!

Scholz: Ja, sorry. Was weiß ich denn! Irgendwas mit ... Wumms! So wie bei den Corona-Hilfen.

Wissing: Fest steht, die Bürger müssen preiswerter von A nach B kommen.

Scholz: Wumms muss das haben! Wumms!

Habeck: Boah, Scholz, ey!

Wissing: Passt auf. Eins ist doch klar: Wir müssen die Leute preiswert in die öffentlichen Verkehrsmittel kriegen. Damit die mal mit dem Rumjammern aufhören!

Scholz: Ja, lasst uns das doch machen mit der ... mit dem ... na ...

Baerbock: Der Mobilitätswende vielleicht?

Scholz: Genau! Was meinst du, Robert?

Habeck: Den Leuten müssen die Öffis so schmackhaft gemacht werden, dass sie gar nicht anders können, als das Auto stehen zu lassen!

Wissing: Das ginge aber nur mit einem extrem niedrigen Ticketpreis. Einem pervers niedrigen Ticketpreis! Sagen wir einfach mal: 90 Tage für 90 Euro!

Habeck: Na na na, Volker, nicht gleich übertreiben.

Wissing: Hey, das war ein Scherz!

Baerbock: Im Ernst, Jungs: Ich fürchte sogar, das wäre immer noch zu teuer. Das Ticket muss auch aus sozialer Perspektive ein Kracher werden!

Scholz: Kinners, ich kann nicht mehr.

Wissing: Olaf, ich liebe es, wie du die Leute mitreißen kannst!

Scholz: Dafür bin ich auch nicht gewählt worden.

Wissing: Stimmt allerdings. Gegen Laschet hätte auch 'ne Straßenlaterne gewonnen.

Habeck: Das ist nicht fair gegenüber Straßenlaternen.

Scholz *(mehr so aus Langeweile)*: Wumms!

Allgemeines Schweigen

Scholz: Wie spät haben wir es denn jetzt?

Wissing: 9.

Habeck: 9 was?

Wissing: 9 Euro natürlich, du Eimer!

Scholz *(plötzlich etwas wacher)*: 9 Euro. Gut. Lasst uns das machen.

Baerbock: Was jetzt?

Scholz: 9 Euro. Ein Ticket für 9 Euro, und das gilt einen Monat.

Habeck *(lacht)*: Na logo, klar! Am besten gleich für alle öffentlichen Verkehrsmittel!

Wissing *(haut sich auf die Schenkel)*: Genau, und bundesweit. Und drei Monate hintereinander!

Baerbock *(lacht)*: In vollen Zügen genießen! Das ist geil! Da werden die Bahnen auseinanderbrechen. Und die Leute ausflippen, weil die Deutsche Bahn zu wenig Waggons hat!

Scholz *(lacht)*: Genau. Und Bahnchef Lutz muss zurücktreten.

Habeck *(lacht nicht mehr)*: Naja, so schlecht wäre das nicht. Der ist doch jetzt schon total überfordert.

Wissing: Allerdings. Und wir hätten einen Prügelknaben fürs Volk.

Baerbock: Unsere Beliebtheitswerte würden steigen, Lutz müsste gehen. Perfekt!

Scholz: Kinners. Dann lasst uns das machen. Eigentlich war das ja als Scherz gemeint, aber mich versteht ja eh keiner.

Habeck: Egal, wir beschließen das. Ab wann gilt das?

Scholz: Naja, nach meiner Kenntnis ist das ... sofort. Unverzüglich.

Habeck: Und wer wird neuer Bahnchef?

Wissing: Müsste jemand sein, der sich einen Namen gemacht hat. Bei dem die Leute wissen, der zieht sein Ding durch. Und da kann es nur einen geben.

Alle anderen: Wen denn?

Wissing: Andi Scheuer.

Scholz: Wumms!

Durchsage

Liebe Fahrgäste, bitte schreien Sie mich nicht an. Ich bin nur Ihr Zugbegleiter. Ich bin nicht die Deutsche Bahn und verdiene keine Millionen wie der Vorstand.

Durchsage

Lokführer mit kölschem Akzent:
Meine Damen und Herren, der nächste Halt ist Düsseldorf, wir bitten um Verständnis.

Durchsage

Hier ein kleiner Hinweis: Der Zug ist innen hohl, da kann man durchgehen. Man kann also an einer beliebigen Tür einsteigen und dann durchgehen. Das geht, ich hab's ausprobiert.

TICKET GEGEN DAS ESTABLISHMENT

Tumult in der Fußgängerzone. Gegröle, Partygesänge, Planschgeräusche aus einem Brunnen, und als Refrain das Zischen von Bierdosen. Wildgewordene Menschen in Jeansjacken oder Leder zeigen, wie viele Pearcing-Ringe in einem Gesicht Platz haben und nach wie viel Bier man immer noch stehen kann. Nein, das ist nicht Wacken. Es ist das exakte Gegenteil von Wacken. Hier stehen die Leute nicht grunzend im Schlamm, sondern schlemmend im Mammon. Normalerweise zumindest ist das so auf Sylt, Insel der Protzer, der Reichen und Schönen.

Mittlerweile wissen wir: Mit Beginn der post-coronalen Zeit ziehen sich Schrammen über den Lack friesischer Schnöselei. Nicht nur wegen der temporären Punker-Präsenz. Es kamen andere Misstöne. Mit den Stichworten »Sylt« und »Musik« assoziierte man für eine Weile selten das hymnische »Westerland« der Ärzte als vielmehr einen eigentlich harmlosen Partysong namens »L'amour toujours« von DJ Gigi D'Agostino, weil ihn wohlstandsverwahrloste Idioten während ihres Besäufnisses in einem Hochglanz-Club mit umgedichteten rechtsextremen Passagen gegrölt und den Hitlergruß gezeigt hatten. Auch wenn das Lied schon zuvor in der Nazi-Szene als Code bekannt war – durch das Video der Rich Kids von Kampen verbreitete sich die Version über andere Feiern und Festivals.

Fremdenfeindlichkeit und Nazi-Parolen: eine Seuche wie Corona, nur hartnäckiger und ohne Gegenmittel.

Ach, wie harmlos, ja regelrecht niedlich-unschuldig wirkt rückblickend jene Sylt-Plage, als bunte Freaks wie die Heuschrecken über die Insel herfielen. Weil das 9-Euro-Ticket nicht nur Tarifverbandsgrenzen aufhob, sondern auch die gesellschaftliche Unerreichbarkeit gewisser Orte. Anfang Juni 2022 haben sich vor allem Punks auf den Weg gemacht, um in knackevollen Zügen der Regionalbahn RE6 über das Eiland herzufallen und die Schickeria zu schocken.

Mit großem Erfolg. Denn der Champagner schmeckt einfach nicht so gut, wenn plötzlich Bierfahnen an den Hotspots der Hautevolee vorbeiwehen. Dazu knatterte die Flagge der »Anarchistischen Pogopartei Deutschlands« im Wind. Mit zeitlichem Abstand betrachtet, können sich die Sylter nicht nur bei der Bundesregierung für die Invasion bedanken. Denn sie hatte auch was mit einer Äußerung von Moritz Luft zu tun, dem Chef der Sylt Marketing GmbH. Gegenüber Journalisten bekannte er im Mai, die Insel sei »nicht optimal gerüstet für das Deutschland-Ticket und den zu erwartenden Ansturm«. Diese Bemerkung hat einige wachgerüttelt. In den sozialen Netzwerken spotteten User über die Angst der Schickimicki-Gesellschaft vor der »Syltokalypse«. Unter Hashtags wie #sylt-entern und #syltokalypse verabredete sich die Netzgemeinde, um aus der Befürchtung des Marketing-Fuzzis Realität zu machen. Wahrscheinlich hätte sich Herr Luft am liebsten in selbige aufgelöst.

Reisen wir zurück in die Szenerie. In der Fußgängerzone von Westerland strullen sie in die Ecken, am Strand liegen mehr Bierdosen als Muscheln. Fuck the System. Änderung vorerst nicht in Sicht, denn die Punks genießen ihr Exotendasein, und die Republik feixt über das Aufbrechen des Kokons aus Wohlstand und Arroganz. »Ist voll geil, Alter, ich treff hier ganz viele Freunde, die ich lange nicht gesehen hab«, lallt einer mit Irokesenschnitt, dessen Gesicht entweder vom Gesöff oder der Sonne rot ist wie der Hintern eines Pavians. Auf die Frage des Focus-Reporters, warum er nach Sylt gekommen sei, antwortet er überraschenderweise: »Wir wolln Spaß haben und saufen!«

»Ich finde es schön, dass auch mal andere Leute nach Sylt kommen«, sagt eine Urlauberin den Kieler Nachrichten. Und die Welt-Reporterin erfährt von einem Ur-Einwohner: »Ich bin froh, dass nach der Pandemie endlich wieder viele Leute kommen.« Unfassbar viele Journalistinnen und Journalisten haben sich für Selbsterfahrungsberichte und Interviews auf den Weg gemacht. Um zu berichten, dass alles voll ist. Obwohl es ohne sie dreißig Prozent leerer wäre.

Sie stehen rum und im Weg und labern alles an, was bei drei nicht rechtzeitig im eigenen Pool ist. Geschäftsleute und Restaurantbesitzer sind wegen des Krakeelens der Punks natürlich weniger amüsiert, weil Stammkundschaft wegbleibt. Der Edeka am Wilhelminenbrunnen dagegen verzeichnet Rekorde beim Bierbüchsen-Verkauf. Apropos Brunnen: Den hat der Bürgermeister nach ein paar Tagen sperren lassen, weil die Heuschrecken vom Festland zu viel geplanscht und ihr Bier drin gekühlt haben. Ein Privatweg wurde mit Betonblöcken zugestellt, zum Schutz der Hauseigentümer.

Sylt zittert. Wie verhalten sich diese Wesen aus dem Prekariat? Werden sie marodieren, Autos anzünden, Straßenschlachten gegen das Establishment anzetteln, legen sie alles in Schutt und Asche?

»Was versprichst du dir von dem Tag auf Sylt?«, fragt der Focus-Reporter den Iro-Träger. »Randale!«, ruft der, »Chaostage!« Aber sein Gesicht verrät, dass er nur das Image bestätigen will. Für Randale wäre er zu besoffen. Übrigens auch, um es bis an den Strand zu schaffen.

»Ich kann mich an die Hinfahrt nicht mehr erinnern«, nuschelt er, »ich bin seit drei Tagen hier und hab noch kein Meer gesehen. Werd ich wohl auch nicht mehr schaffen.«

Dann sagt er etwas, das aufhorchen lässt.

»Mach ich einfach nächstes Mal – auf Borkum oder so!«

Schade, dass niemand dokumentiert hat, wie sich Prärien von Nackenhaaren nach dieser Ankündigung auf Borkum gesträubt haben.

Durchsage

Der Intercity wartet nicht. Ich habe telefoniert –
er steht noch da, wenn wir ankommen.
Helfen Sie sich gegenseitig: Der Erste, der von Ihnen
da ist, sieht zu, dass der Zug nicht abfahren kann.
Das haben Sie aber nicht von mir.

BUS-RALLYE NACH ALTENBEKEN

Wir haben Zeit. Ganz viel Zeit. Fällt dieser innere ICE-Zwang weg – manche nennen ihn Zugzwang –, also das Korsett, unbedingt im Zeitrahmen zu bleiben, reist es sich äußerst entspannt. An diesem Tag führt unser Trip von Kassel (die Documenta ist abgehakt) nach Horn-Bad Meinberg, weil wir zu den legendären Externsteinen möchten. Die Externsteine, vor rund 70 Millionen Jahren entstanden, ähneln den großen Kollegen aus der Sächsischen Schweiz. Quantitativ wirken die paar Brocken im Teutoburger Wald eher wie eine Backenzahn-Entnahme aus dem riesigen Gebiss des Elbsandsteingebirges, die ein Godzilla-großer Dentist vor Jahrmillionen dort entnommen und nach Westfalen transplantiert hat. Kleine Brücken hat er im 19. Jahrhundert auch noch reinoperiert. Gute Arbeit! Von Start zu Ziel sind es nur neunzig Kilometer, weil es aber über Käffer geht und wegen einiger Bauarbeiten Schienenersatzverkehr nötig ist, dauert die Reise in öffentlichen Nahverkehrsmitteln dreieinhalb Stunden. Das denken wir zumindest.

Zunächst läuft auch alles wunderbar. Kaum ist man von Zentren und Hauptbahnhöfen weg, sind verstopfte Abteile Geschichte. Ich blicke aus dem Fenster, an mir vorbei ziehen Fulda, Felder, Wälder. Ich lese nicht, höre keine Musik, gucke bloß und langweile mich. Das ist großartig. Mal wieder langweilen. Gar nicht so leicht. Versuchen Sie das mal, wenn Sie ein Smartphone haben. Kurse sollte es dafür geben. Mit einem Workshop wie »Langweilen leicht gemacht« könnte man ein Vermögen verdienen. Oder man reist mit dem Deutschland-Ticket. Man hat einfach Zeit, ganz viel Zeit.

Von Kassel geht's nach Hofgeismar. Dornröschen-Stadt genannt, erfahren wir von der Werbung am Bahnhof, weil sie an der Märchenstraße liegt. In Witzenhausen haben wir einen Tag zuvor an den Gleisen die denkbar beste Werbung für den Ort gesehen: »Kommt ein Reisender nach Witzenhausen, sagt der Bahnhof: Herzlich willkommen.«

Von Hofgeismar müssen wir nach dreißig Minuten Aufenthalt nach Warburg, wo wir lediglich drei Minuten bekommen, um den Schienenersatzverkehr nach Altenbeken zu erwischen. Klappt prima. Doch dann wird's richtig spannend: Sollte der Bus durch wundersame Fügung mindestens zwei Minuten früher in Altenbeken ankommen als der Fahrplan angibt, könnten wir den Anschluss Richtung Detmold im Spurt erreichen und eine satte Stunde Warten einsparen. Ich weiß, das klingt wahnwitzig: Verkehrsbetriebe sind nicht für Verfrühungen gemacht.

Allerdings scheint der Mann am Steuer den Fahrplan und diese Hoffnungsrechnung zu kennen sowie den Reiz der Herausforderung zu lieben. Was dieser Typ mit verspiegelter Sonnenbrille in den nächsten fünfzig Minuten aus seinem Gelenkbus herausholt, ist mit halsbrecherisch noch sanft umschrieben. Er kachelt über Bundesstraßen und Stadtgebiete, als habe er um seine Rente gewettet. Er legt sich in Kurven wie ein Rennrodler im Eiskanal. Zwei Kinder strecken quietschend vor Begeisterung die

Arme hoch wie in der Steilkurve einer Achterbahn! Huuuiiiii!!

Aufgeregt kralle ich meine Zehen in den Kunststoff meiner Badelatschen, die ich vor Fahrtantritt gegen meine Schuhe eingetauscht habe, denn die Hitze des Tages und meine persönliche Veranlagung haben dazu geführt, dass meine Sneaker den Geruch eines Meerschweinchen-Käfigs angenommen haben, der drei Tage lang nicht gereinigt wurde.

Aber jetzt trage ich ja Badelatschen. Dafür meldet sich ein anderes Problem: Mir wird ein bisschen übel. Das liegt zum einen daran, dass der formel-eins-taugliche Busfahrer die Haarnadelkurve der Zwischenhaltestelle in Willebadessen mit spektakulärer Schleudertaktik gemeistert hat. Zum größten Teil jedoch hat das damit zu tun, dass ich während der Schlingerfahrt Notizen ins Handy für das Kapitel tippe, das Sie gerade konsumieren. Leider gehöre ich zu den Menschen, denen schlecht wird, wenn sie während einer Auto- oder Busfahrt schreiben oder lesen. Hat was mit der inneren Wasserwaage zu tun. Wenn es darin Wellen schlägt, isses vorbei mit guter Magenstimmung.

Ich versuche, die Übelkeit zu ignorieren. Aber blenden Sie mal bei erhöhtem Blasendruck den Gang aufs stille Örtchen aus im Wissen darum, dass es noch eine Stunde auszuhalten gilt. Verflucht noch eins, könnte es sein, dass die Reste des am Hauptbahnhof von Kassel eingeworfenen Salats mit Falafel einen Busch am Bahnhof von Altenbeken kennenlernen werden?

Maike blickt mich an und sagt: »Wahnsinn, wahrscheinlich schafft er es! Wäre der Hammer, wenn wir den Zug kriegen!« Ich nicke angestrengt, Maike zieht die Brauen hoch: »Alles okay, du bist so blass?«

»Hmmmm«, antworte ich, weil ich plötzlich nicht mehr wage, den Mund zu öffnen.

Dann ist es so weit. Nach leidenschaftlichem Schlussspurt und mit dampfenden Reifen bringt unser Held den Bus am Bahnhof Altenbeken zum Stehen: exakt zwei Minuten früher als von Fahrplanern angesetzt. Die Passagiere applaudieren und rufen »Bravo«, huldvoll nickt der Höllenfahrer ihnen zu, reckt den rechten Daumen und drückt mit dem linken den Türöffner.

Etwa ein Dutzend Menschen nimmt von nun an die Beine in die Hand – eine Formulierung, die ich nie verstehen werde – und flitzt Richtung Bahnhofsgebäude. Wir auch. Zumindest anfangs. Lange liegen wir gleichauf mit einem jungen Kerl mit Elektroroller unterm Arm. Das Wunder von Altenbeken, das Erreichen des Zugs, es liegt zum Greifen nahe. Doch plötzlich merke ich: Rien ne va plus, nichts geht mehr, ich gehe nicht mehr.

Mit letzter Kraft halte ich mich an einem abgeschrabbelten Metallmüllkorb aus den achtziger Jahren fest und lasse alles raus, was keine Miete zahlt. Maike bleibt entsetzt stehen: »O Gott«, und dann ruft sie: »Mach schnell!«

Was soll ich sagen? Ja, ich versuche es. Ich gebe alles. Und zwar wirklich alles. Und genau aus diesem Grund verpassen wir als Einzige den Anschluss. Müssen wir also doch 'ne Stunde warten.

Aber wir haben ja Zeit, ganz viel Zeit.

EINMAL EISENBAHNER, IMMER EISENBAHNER: WIE GERD NACH KOHLEN FAHNDETE UND TORSTENS LOK GEGEN EIN BÜGELEISEN KNALLTE

Beidrückanlage, Blockabfertigung, Nullknotenprinzip, Walschaertssteuerung. Da muss ich dann doch mal jene olle Redewendung rund um die Bahn bemühen, die besonders viel Moos angesetzt hat: Bei einem Gespräch mit einem Lokführer versteht man vor lauter Fachjargon nur Bahnhof. Was naturgemäß einen gewissen Teil der Konversation ausmacht. Aber Balise? Was soll das sein, etwas zum Eincremen? Erregermotorschaltung: Kann man die auch bedienen, ohne nervös zu werden? Doppelkopfschiene: für Skatspieler nachvollziehbar? Pufferteller: Gibt's dazu Apfelmus?

Die Insider unter den Lesenden werden aufstöhnen. Aber vor meinen Gesprächen mit Lokführern war ich schon heilfroh zu wissen, was hinter TF steckt. Der TF ist die Schlüsselfigur allen Geschehens auf Schienen: der Triebfahrzeugführer. Ein Begriff, der seit Jahrzehnten im Umlauf ist und trotzdem noch immer gegen die Umgangssprache verliert, auch wenn ein Lokführer heutzutage nur extrem selten in einer Lok sitzt.

Meine Verbindung zu Lokomotiven beschränkte sich lange auf die musikalische Bedröhnung durch Jethro Tull: Ian Anderson ist quasi der TF der Band. Er bearbeitet auf einem Bein die Flöte, dazwischen singt er vom »Locomotive Breath«. Großartiger Song! Man kann ihn förmlich schnuppern, diesen Mundgeruch aus Ruß, Dampf und Kohlendioxid, der sich in einer wabernden Wolkenröhre übers Land legt.

Um die DNA des TF zu entschlüsseln, hilft es ungemein, sich auf Spurensuche zu begeben und mit einem Lokführer der alten Schule zu sprechen. Hier kommt Gerd ins Spiel, aus meiner Heimatstadt Witten, eingeklemmt zwischen Bochum und Dortmund und gern unterschätzt. Ein Kumpel aus Unna sagte mal zu mir: »Hömma, wenne in Witten wohnz, da musse doch dein Auto vorne in Bochum und hinten in Dortmund anmelden.«

Aber zurück zu Gerd. Wenn der Vater meines Schulkollegen Ingo ins Erzählen gerät, hört das Ohrenschlackern nicht mehr auf, und die Fragezeichen spielen Fangen. Deshalb gebe ich im Folgenden nur das aus dem Gespräch wieder, was man der synaptischen Verarbeitung eines Bahn-Laien zuführen kann, ohne einen Oberleitungsschaden zu riskieren.

»Mein Vater arbeitete als Walzer im Walzwerk«, erzählt Gerd. »Als ich Jugendlicher war, hat er mir gesagt: Hömma, du hast mich jetzt lang genug Geld gekostet, jetzt gehste mal selbst was verdienen.« Gerd ging zur Bahn, in die Lehre, zunächst als Schlosser. »Da hast du nur 1,36 Mark verdient – mit Prämien!«

Der heutzutage nicht mehr immanente Lehrgang war wichtig fürs technische Grundverständnis; unter anderem, um bei Pannen auf der Strecke notfalls selbst Hand anlegen zu können. Es folgte die Ausbildung zum Heizer und zum Lokführer. »Das waren beides Knochenjobs«, bemerkt

Gerd. Denn damals saß man nicht gemütlich im cockpitähnlichen Führerraum, sondern hatte zu stehen.

Der Heizer schippte aus dem Tender die Kohlen ins Feuer, der Lokführer kümmerte sich um die Steuerung, beide umgeben von Wind, Wetter und der höchstmöglichen Diskrepanz von Temperaturen: Vorne brannte die Hitze des Feuers, von hinten biss im Winter die Kälte. Vorn Hölle, hinten Arktis.

»Da waren wir entsprechend vermummt und vor den Flammen geschützt, mit schweren Klamotten, einem dicken Mantel und fetten Stiefeln. Wenn du hingefallen bist, brauchte es zwei Mann, um dich wieder hochzuheben.«

Von 1955 bis 1959 steuerte Gerd das Ungetüm aus Eisen, meist im Güterverkehr. Das konnte auch aus Ausstattungsgründen ein schwierige Angelegenheit werden: »Die Alliierten hatten uns als Reparationszahlungen nach dem Krieg die Kohle abgefahren, uns blieb nur das Nötigste. Manchmal hat man uns Kohlenstaub vorgesetzt, damit hast du das Feuer aber kaum halten können, das muss doch lodern!« Meistens hat Gerd in irgendeinem Lager irgendwie doch noch Kohle in Brocken aufgetrieben. »Aber hömma, Verspätungen«, und dabei reckt sich sein Zeigefinger wie ein Regenwurm, der sich aus der Erde schraubt, um zu gucken, ob es noch plästert, »Verspätungen wie heute, die hatten wir nie. Und wenn, dann waren's zwei Minuten.«

In der Zeit, als Diesel- und E-Lok das alte Dampfross sukzessive ablösten, orientierte sich der Wittener um und ließ sich zum Ingenieur und Maschinenbaumeister ausbilden. Der Berufsweg änderte sich, aber der Zug zum Zug ist geblieben. Den Keller des Wohnhauses hat Gerds Sammelleidenschaft in eine Bastelwerkstatt und ein Museum für Modelleisenbahnen verwandelt. Hinter Schaukästen ist die Geschichte der Triebwagen in Miniaturen dokumentiert. Es sind hunderte.

Für das Eisenbahnmuseum in Bochum-Dahlhausen ist Gerd der Garant dafür, dass die historische Ruhrtalbahn noch immer am Fluss entlang zwischen Hattingen und Wengern rauscht: Werden Ersatzteile für die Dampflok benötigt (die es natürlich längst nicht mehr zu kaufen gibt), dreht und fräst Gerd millimetergenau das Gewünschte. Spezielle Innen- und Außengewinde zum Beispiel. »Da produzierst du erstmal tagelang Späne, bis du an die Form kommst. Aber dat macht ja auch Spass!«

Einmal Eisenbahner, immer Eisenbahner. Das prägt, das lässt einen nicht los. Ein weiteres Beispiel dafür trägt den Namen Torsten. Den Garten seines Wohnhauses im sachsen-anhaltischen Bad Schmiedeberg zieren ausrangierte Schilder, Tafeln und sogar ein Stück Schiene. Die eiserne Mini-Lok im Hof haben schon seine längst erwachsenen Kinder bestiegen, und das Bild seines Messenger-Profils zeigt die Universallokomotive 243 005-6 der Deutschen Reichsbahn.

»Das war die erste, die ich gefahren habe«, sagt er und schenkt Kaffee am Tisch im grünen Idyll nach. Das letzte Mal im Führerraum solch eines Triebfahrzeuges saß er 1998, doch das Faible für die Bahn bleibt im Leben wie ein Tattoo auf der Haut. Geschichtsinteressiert war Torsten schon immer. Erfahren, woher was warum kommt. Vor allem die Entwicklung des Verkehrs findet er spannend, und zwar alles – von der Postkutsche bis zum Space Shuttle.

1989, wenige Monate bevor die DDR-Führung vor ihrer Bevölkerung kapitulierte, begann er seine Lehre bei der Reichsbahn. Großartig anders als im vermeintlich goldenen Westen lief das damals nicht ab. »Auch bei uns ging's mit der Ausbildung zum Schienenfahrzeugschlosser los, danach kamen Fahrschule und Akademie.«

Geschlossert hat Torsten in einem Werk in Leipzig, Stadtteil Engelsdorf. In dieser Stadt ging 1838 die erste deutsche Fernstrecke nach Dresden in Betrieb. Doch auch das tröstete Torsten nicht über die Erkenntnis in der damaligen Gegenwart hinweg, dass der Arbeiter-und-Bauern-Staat ständig eine Übererfüllung des Wirtschaftsplans in der Presse veröffentlichen ließ – und trotzdem nicht genug Werkzeug vorhanden war.

»Es gab kaum Ersatzteile, nicht einmal Dichtringe oder das einfachste Werkzeug«, berichtet er. »Die Maulschlüssel haben wir uns teilweise selbst gefeilt.« Im Geiste sehe ich sie nebeneinander sitzen, in der Kellerwerkstatt von Witten-Bommern: Torsten feilt einen Maulschlüssel, Gerd fräst ein Gewinde, neben ihnen stehen zwei Bier, und die beiden gleichen ihre Bahn-Vergangenheit ab.

Aber Moment, wir sind noch bei 1989 und der Übererfüllung des Mangels. Torsten und Kollegen weideten kaputte Bahnen und Triebwagen aus, reparierten die entnommenen Maschinenteile und operierten sie woanders hinein. Was heute unter Upcycling und Recycling als Vokabular der Nachhaltigkeit gehypt wird, war früher so stinknormal wie das Abgas-Aroma eines Trabis. Vorteil: Torsten bekam ein gutes technisches Grundverständnis. Blieb später mal einer seiner Züge stehen, musste nicht immer ein Arbeitertrupp anrücken, er erledigte die Reparatur selbst.

Ein Schweißerlehrgang gehörte ebenfalls dazu. Der gut geölte Zusammenhalt unter den Lehrlingen und dazu dieses befreiende, anarchische Gefühl durch das Ausröcheln der DDR verleitete die Jungs dazu, Blödsinn zu verzapfen. »Manchmal haben wir die Werkzeugkästen von unbeliebten Kollegen an die Schienen gepunktet. Hatten die einen Spaß, die wieder abzukriegen!« Torsten lacht, und wenn Torsten lacht, dann beben seine langen silbernen Strähnen wie Lametta am Tannenbaum, den man gerade geschüttelt hat.

Gründe für herzhafte Gaudi gab es während der Lehre und danach genügend. Geradezu legendär war das Organisieren schmackhaften Bieres. »Das in der DDR gebraute Zeug war eine furchtbare Plörre, die wollte keiner haben«, berichtet Torsten, der die meiste Zeit seiner Ausbildung im brandenburgischen Falkenberg an der Elster verbrachte. »Deswegen haben wir uns immer sehr auf den Zug aus Krakau gefreut.« Der hatte einen Speisewagen, der ausgezeichnetes Bier durch die Gegend transportierte. Bei dessen Ankunft in Falkenberg schnappten sich einige Arbeiter ihre Dederon-Beutel, fuhren 20 Kilometer bis nach Torgau mit, kauften den Biervorrat auf, dann ging's mit dem nächsten Zug zurück. Nach der Ankunft am Güterbahnhof wurde ausgiebig gefrühstückt. »Da plöppten die ersten Fläschchen früh um sieben.«

Das Team kümmerte sich zudem unaufgefordert darum, den Bahnhofsaufenthalt von Reisenden aufzulockern. Während Torsten bei Pausen vom Rangierdienst am liebsten ein Buch aufschlug, packte ein Kumpel seine Mandoline zum Üben aus und meldete sich über Funk: »Torsten, hör dir das mal an, was sagste dazu?«

Was er nicht wusste: Ein weiterer Kollege übertrug aus dem verbundenen Stellwerk das Gezupfe über die Lautsprecher in die Bahnhofshalle. Es heißt, manche Reisende hätten geschmunzelt und gewippt, andere die Gesichter verzogen.

Bei einem gut gesalzenen Frühstücksei fällt Torsten noch ein, wie er sonntags staunte, als er nach vollbrachter Fahrt zum ersten Mal keinen Platz im Lokschuppen fand. »Alle Plätze besetzt«, sagte der Drehscheibenwärter. Am Sonntag? Ein Blick durch die Tür verschaffte Aufklärung: Die Bahnarbeiter hatten über die Kanäle der Stände Bohlen gelegt, ihre Trabis und Wartburgs über den Graben gefahren und waren emsig dabei, sie von unten zu reparieren.

Torstens Lehre endete später als die Existenz der DDR. Aber ab 1991 saß er endlich da, wo er sein wollte. Ganz vorn in der 243 005-6, volle Fahrt voraus. Das war seine Welt! Er liebte die Fahrten nach Cottbus oder nach Hamburg, genoss die Landschaft auf Strecken durch die Sächsische Schweiz.

Klar, es gab hier und da Defekte, kleine Zwischenfälle, Verspätungen, aber zu seinem Glück erlebte er nie das, was man offiziell als »Unfall mit Personenschaden« bezeichnet. Allerdings musste der junge Mann schon mal Kollegen ablösen, vor deren Augen sich ein Mensch vor den Zug geworfen hatte.

Den skurrilsten Eintrag in eine Unfallmeldekarte machte Torsten nach einem Ereignis in der Nähe von Hohenschönhausen.

»Da bin ich gegen ein Bügeleisen gefahren«, sagt er und beißt ins Marmeladenbrötchen. Selbstgemachte Erdbeermarmelade übrigens.

Mit einer Lok gegen ein Bügeleisen fahren. Klar, das passiert schon mal. Rangiert bei den häufigsten Zwischenfällen von Zugreisen unter den Top Ten, kurz hinter Triebwagenschaden. Dennoch drängt sich mir die Frage auf, ob Torsten heute früh schon was Fragwürdiges eingenommen hat.

Die Erklärung: An einem Bahnübergang hatten Typen mit einem seltsamen Verständnis von Schabernack ein Bügeleisen an einem Strick befestigt und runtergehängt. Torsten und Lok rauschten an, es gab einen Knall, und das Panzerglas des Zuges teilte sich in mehrere tausend Stücke auf. »Viel sehen konnte ich nicht mehr, hab es aber bis zum nächsten Bahnhof geschafft.«

1998 beschloss Torsten auszusteigen. Nach der Fusion von Reichsbahn und der DB vier Jahre zuvor war aus seiner Sicht das Bahnwesen dabei, seine Seele zu verlieren.

Die neu gegründete Deutsche Bahn AG legte Strecken still, zerfaserte sich in immer mehr Tochterunternehmen. »Diese große Konzerngeschäftemacherei, die hat mir nicht gefallen.« Zudem wollte er das Überstundenkonto nicht weiter anreichern: Bei seinem Abschied standen achthundert drauf.

Es folgte eine ganz andere Lauf-Bahn. Torsten studierte berufsbegleitend Heilerziehungspflege, Heilpädagogik und Sozialmanagement. Seit dem Abschluss arbeitet der Vater von zwei Kindern in der Diakonie in Leipzig. Das macht ihm Spaß.

Richtig losgelassen hat ihn seine Zeit als Lokführer trotzdem nie. Da reicht der Blick in den Garten und in sein Gesicht. Es sagt: »Im Herzen bin ich immer noch Eisenbahner« und dann: »Sag mal, wie viel Zeit haste eigentlich?«

»Och«, sag ich bloß und gucke auf die Uhr.

»Ich muss dir unbedingt ein paar alte Bahnhöfe und Strecken in der Gegend zeigen! Na los, trink den Kaffee aus!«

Durchsage

Wir haben einen Steinschlag in der Frontscheibe, sodass die Verspätung bis zum Endbahnhof zunehmen wird. Ist zufällig ein Mitarbeiter von Carglass an Bord?

Durchsage

Wir erreichen Frankfurt am Main. Sofern Sie nicht mit aufräumen wollen, bitten wir Sie, auszusteigen. Wir würden wahnsinnig gerne mit Ihnen weiterfahren, aber die Gleise enden hier

VOLLE DRÖHNUNG MITTELRHEINTAL

»Deutschland is am End.« Entnervt schüttelt die dürre, ältere Frau den Kopf und blickt ihre Sitznachbarin an, die doppelt so viel wie sie ist, um sie zum Mitschütteln zu überreden. Und die macht mit beim Motzen. »Ja ja, das gab's früher net.« Headbanging der Miesepetras.

Den schwer wiegenden Bestandsaufnahmen vorausgegangen ist eine Tirade über das Deutschland-Ticket, das in den Gesichtern von Rucksackreisenden wahrscheinlich irgendein Wasserzeichen hinterlässt.

»Alles immer viel zu voll, da wird einem das Fahren doch verhagelt!«, sagt die Dürre. Sehr erstaunlich, dass sie ihr Urteil in einem Bus fällt, der nicht einmal halb gefüllt ist. Wie wir jedoch in den nächsten Stunden lernen, scheint Meckern als Ventil für Emotionen hier ein probates Mittel zu sein, und das macht man gern auch auf Vorrat.

Hier, das ist Koblenz, Tor zum oberen Mittelrheintal mit Terrassen aus Weinbergen und unwirklich schönen Burgen, von denen ich dachte, die gäbe es nur bei Lego oder Playmobil. Ein Naturgenuss aus grünen Teppichen und dicken Fluss-Adern.

Dicke Halsadern wiederum hat nicht nur die erwähnte Frau, sie schwillen urplötzlich auch beim Fahrer an, der uns von Koblenz Hauptbahnhof zum Deutschen Eck steuert und jetzt mit Schmackes in die Eisen treten muss. »Ja, hast du keinen Blinker am Arsch?« Er ruft es nicht, er schreit es. Maike und ich zucken zusammen.

»Nicht blinken und einfach aus der Parktasche fahren, der blöde Bus wird schon bremsen, ja-ja!« Als ob der Sünder das hören könnte. Nach dem Ausbruch scheint es ihm aber deutlich besser zu gehen, er summt leise ein Lied. Ich glaube, es war »Ein bisschen Frieden« von Nicole.

»Nee, nee, nee«, ruft die Dürre jetzt und betreibt gegenüber ihrer Begleiterin weiter Seelenhygiene, laut und schräpend. »Is doch alles chaotisch hier, und jetzt dieser Billig-Fahrschein, alles chaotisch, und dazu der Personalmangel, ach, und die Energiepreise.« Und dann fällt eben der Satz: »Deutschland is am End.« Unser Sommerurlaub mit besagtem Billig-Ticket übrigens auch fast, letztes Ziel ist Bonn und das Fazit durchweg positiv.

Aber bitt'schön, wer Spaß am Mosern hat. Ist wirklich alles so furchtbar zwischen Kap Arkona und Berchtesgaden? Okay, es lief schon mal besser, und noch nicht erwähnt hatte Miesepetra die schwächelnde Wirtschaft, die Pisa-Katastrophe, löchrige Mietendeckel, milliardentiefe Haushaltslöcher, dass die Reichen immer reicher werden, die jungen Leute immer rotziger und dass sie nicht weiß, wer sie später pflegen wird.

Musterexemplar einer weit verbreiteten Spezies unter den Germanen, die ihre Zeit damit verbringt, zu jammern, zu meckern und zu nölen. Das hat auch für die Umgebung mentale Folgen. »Ningelnde nerven nicht nur, sie manipulieren«, hat der Hamburger Psychologe Michael Thiel mal in einem Interview gesagt, weil am liebsten die Anderen für eigenen Frust verantwortlich gemacht werden.

»Die da oben müssen doch was tun!« Eine typisch deutsche Aussage. Je mehr man aber von anderen erwarte, desto größer sei das Risiko, dass man enttäuscht und unzufrieden werde.

»Ist doch alles sinnlos«, legt die Dürre trotzdem nach. Mir entgleitet ein leises: »Mit der Einstellung ist Deutschland wirklich am Ende.« Eine andere Mitfahrerin nickt in meine Richtung. In Sachsen würde sich unweigerlich eine Debatte entspinnen, die in Beleidigungen bis hin zur Androhung körperlicher Züchtigung münden kann. Nicht so in Koblenz. Als hätte sie mich gehört und in meinen Gedanken geblättert, kommt die Deutschland am End' wähnende Frau bruchlos ins Plaudern und Scherzen mit der Nachbarin. Als wir gemeinsam aussteigen, wünscht sie uns »Viel Spaß in Koblenz, aber passen Sie auf, hier gibt's kaputte Gehwege!«

Es ist ziemlich klar: Die ist nicht böse, sie braucht einfach das Motzen zum Glücklichsein.

In den 24 Koblenzer Stunden passiert uns das mehrmals. Offenbar versteht der Rheinland-Pfälzer das Frust-Abladen als Vertrauensbeweis für seine Umgebung. Oder als Zuneigungsbekundung. Mit wem es sich gut meckern lässt, mit dem kann man auch einen regionalen Riesling trinken.

Nach unserer Überprüfung, dass am Deutschen Eck Rhein und Mosel tatsächlich zusammenfließen und das Kaiser-Wilhelm-Denkmal stabil vor sich hin protzt, fahren wir mit dem nächsten Bus in den Stadtteil Karthause zum ergoogelten Forsthaus Remstecken, wo alles nur Idylle und Erholung ist. Abgesehen von drei Pfauen, die auch nachts um die Wette rufen und die man gern auf das Rad flechten möchte, das sie so eitel schlagen. Das ist halt der Aufpreis fürs Nächtigen in tiefster Natur.

Auf dem Weg dorthin entpuppt sich auch der nächste Fahrer als entwaffnend direkt. Zudem ausgestattet mit einem irrsinnig kräftigen Organ, mit dem er auch als Sprecher im Fußballstadion kein Mikrofon benötigen würde. »Wer stehen muss, soll sich festhalten!«, brüllt er nach hinten, als der Bus immer voller wird.

Als an einer Haltestelle eine ältere Frau mit Blümchenmusterhandtasche einsteigt, dröhnt er sie an: »Wo wollen Sie denn hin?« Eigentlich unerklärlich, dass die Mords-Schallwelle sie nicht augenblicklich nach draußen katapultiert und am nächsten Betonpfeiler zerdrückt. Noch verrückter, dass die Frau komplett unbeeindruckt den Namen ihres Ziels zurückbrüllt und in den Gang tritt. »Macht mal Platz für die Dame, aber dalli!«

Wie von einer Reißzwecke gepiekst, schießen gleich zwei Halbstarke mit Schlabbershirt und Basecaps aus ihren Sitzen hoch und fast aus den bedenklich tief sitzenden Jeans. In Metropolen rotzt diese Spezies ein »Fick dich, Digger«. In Koblenz wird gespurt.

Allmählich gefällt uns der Ton hier.

Lediglich die klare Ansage auf der Rückreise Richtung Westfalen hat uns zu denken gegeben: In der überdurchschnittlich vollen S-Bahn wird der Zugführer nicht müde, während der Fahrt und vor Erreichen eines jeden Bahnhofs zu verkünden: »Die Mitnahme von Fahrrädern ist nicht mehr möglich. Leute, die mit Rädern rein wollen, werden direkt wieder rausgeworfen.«

Vielleicht besser am Bahnhof rausposaunen statt während der Fahrt? Im Fußballstadion wird ja auch nicht nach Abpfiff die Mannschaftsaufstellung bekanntgeben. Die Logik is am End. Und Deutschland? Lasst uns noch etwas abwarten, Leute, Geduld! Denken wir an Kaiser Wilhelm. Der wurde auch unterschätzt und kleingeredet. Ein Publizist nannte ihn »Hohlkopf« und »Aufschneider«, sein Erzieher urteilte: »Er hätte Maschinenschlosser werden sollen.«

Und für diese Pfeife steht in Koblenz ein Denkmal.

Durchsage

Im Regionalzug: Bitte legen Sie Ihre Gepäckstücke
auf die vorgesehenen Plätze. Dazu gehören auch
diese kleinen Louis-Vuitton-Täschchen.
Sind wir mal ehrlich: Wenn die echt wären,
würden Sie hier gar nicht mitfahren.

BYE BYE, JUNGGESELLE: MISTER PENIBEL VERSUS SANTER

Vorsichtig fuchtelt der Mann, der vor drei Minuten zugestiegen ist, vorm Gesicht seines Gegenübers rum.

»Entschuldigen Sie«, spricht er das Mädchen an, das aber nichts mitbekommt. Scheint gerade mit beiden Daumen zu versuchen, den Weltrekord im Schreiben auf der Smartphone-Tastatur zu knacken. Aktuell liegt die Höchstmarke bei 821 Anschlägen pro Minute, aufgestellt von Helena Matouskova aus Prag, wie eine flinke Recherche ergibt.

Der Typ, hagerer Schlaks mit umkranzter, etwa fünfzigjähriger Glatze, Trekkinghemd und Reflektoren an den Fußgelenken, versucht es nochmal.

»Huhuuuu«, ruft er und erhöht die Winkfrequenz wie ein Scheibenwischer bei Starkregen. »Entschuuuuldigen Siiiie!«

Augenrollend und mit einem Seufzen senkt die in eine pinkene Jogging-Kombi gehüllte Pubertierende ihr Handy. Rekord offensichtlich vermasselt. »Was denn?«, fragt sie genervt.

Der Mann setzt ein Lächeln zurecht. »Wäre es vielleicht möglich, dass wir die Plätze tauschen? Wenn ich rückwärts fahre, wird mir manchmal schlecht.«

Das Mädchen guckt leicht angewidert, runzelt die Stirn. »Echt jetzt?«

Der Mann zieht verunsichert die Schultern hoch. »Ganz echt.«

Mit der größtmöglichen mimischen Missbilligung erhebt sich das Mädchen, während es einen Kaugummi malträtiert, als trüge er Schuld an der Unterbrechung. »Na, bevor Sie die Bahn vollkotzen.«

»Vielen Dank, sehr freundlich von Ihnen, danke.«

Den devoten Tonfall gegenüber der Göre könnte man als ironische Kommentierung ihrer Rotzigkeit verstehen. Doch die Vermutung liegt näher, dass dieser Typ zur Sorte der Unterwürfigen gehört, die als Kind gezwungen waren, lange karierte Kniestrümpfe und als Schüler freiwillig die Tasche des Lehrers zu tragen.

Anzeichen dafür gab es schon vor dem Plätzetausch. Bis er in der S-Bahn RE 11 von Kassel-Wilhelmshöhe Richtung Dortmund sein Fahrrad an der dafür vorgesehenen Halterung befestigt hatte, hätte Helena Matouskova aus Prag einen halben Roman auf ihrem Handy verfasst. Denn einfach die Pedale in die Kerbe hieven, das hat dem Kerl nicht gereicht. Zusätzlich schloss er sein Vehikel am Metallgestänge an, nicht ohne vorher die Riemen seines Helms sorgfältigst mit dem Schloss verknotet zu haben. Beim Hinsetzen spendierte er allen Ernstes mit einem Rundumblick ins Abteil ein »Hallo zusammen. Das ist ja ein Wetter heute!«, bekam als Reaktionen aber bloß irritierte Blicke.

Inzwischen gibt er auf dem Sitz in Fahrtrichtung Ruhe und blättert in einem Hochglanz-Reisemagazin, gefischt aus seinem vor Fahrtantritt wahrscheinlich gebügelten Rucksack. Ich schmunzle, schaue aus dem Fenster und freue mich, bei meinem Erfahrungstest gut in der Zeit zu liegen. Statt mit dem kurzfristig völlig überteuerten IC von meinem Zuhause Leipzig in meine Ruhrpott-Heimatstadt Witten zu fahren, besinne ich mich aufs Deutschland-Ticket und beschließe den Vergleich.

Fernzug kontra Regionalbahn. 90 Euro kontra null Zusatzkosten, fünf Stunden Fahrtzeit kontra siebeneinhalb, einmal umsteigen kontra fünfmal. So eine Art Stiftung Wagentest. Und das mit Klappfahrrad, dessen Mitnahme bekanntlich für lau ist, weil in gefaltetem Zustand reines Gepäckstück.

Erste Etappe von Leipzig nach Halle – alles bestens. An einem Freitag natürlich ziemlich voll, aber erträglich. Umstieg, knapp zwei Stunden bis Leinefelde, Umstieg, dann eine Stunde bis Kassel. Viel Grün, viel Beton, schöne und abgerockte Bahnhöfchen, alle Eindrücke in leicht zerkratzten Bildern wegen der Schlieren an den Zugfenstern. Umstieg, nun weiter bis Dortmund. Geringfügige Verspätungen, Erreichen der Anschlüsse, keine nennenswerten Zwischenfälle.

Das ändert sich schlagartig ab Warburg im Osten von Nordrhein-Westfalen. »Schaaaaalke!«, brüllt ein rotgesichtiger Blonder ins Abteil, sobald sich die Türen auseinanderschieben. Ich zucke leicht zusammen, nebenan lässt Mister Penibel fast seine Zeitschrift auf den ausgepackten Energieriegel fallen. Dem Rufer folgen acht weitere, nicht mehr standsichere Typen in den Dreißigern, alle in blauen T-Shirts, und wuchten zwei Kisten Bier sowie vollgestopfte Rucksäcke in den Wagen. Aus einem Ghettoblaster stampft irgendein Dancefloor-Mist.

»Schaaaaalke!«, brüllt jetzt ein Anderer.

»Tach zusammen!«, ruft ein Dritter, »alle gut drauf?«

Mangels Sitzmöglichkeiten sammelt sich die Meute im Bereich für Kinderwagen und Fahrräder, drei hocken sich auf die Stufen zum Gang. Sichtlich beunruhigt verfolgt Mister Penibel die Bewegungen rund um sein umzingeltes Vehikel. Immer wieder verrenkt er den Hals in Richtung Stellplatz und lächelt gequält. Mein Klappi befindet sich in Sicherheit, im Gepäckregal gleich neben mir.

»Eyyy, was is, willst'n Bier?«, ruft das Rotgesicht.

»Nee, danke, danke«, antwortet der Gefragte und lacht gequält. »Das ist mir noch ein bisschen zu früh.«

»Es ist fuffzehn Uhr, Mann, wo issen das Problem?«

Dieser Ansatz von Dialog wird zerschnitten vom nächsten Skandieren. »Schaaaaalke!«, krakeelen gleich drei Zugestiegene zum Klirren von Flaschen und kaum unterdrückten Rülpsern.

Aber irgendetwas haut nicht hin: Die Jungs wirken nicht wie Schalke-Fans. Was keinesfalls bedeutet, dass Anhänger der Knappen keine roten Gesichter und nicht hackenstramm sein dürfen. Aber wieso trägt kein einziger ein Trikot von S 04?

Den nun auftauchenden Zugbegleiter schert das weniger als das Gedrängel. »Leute«, ruft er, »nebenan ist viel mehr Platz, im nächsten Bahnhof wechselt ihr den Wagen. Und ihr drei macht den Gang frei, verstanden?«

Entschiedener Ton, dem ein »Alles klar, ey!« folgt und ein finales Skandieren des Gelsenkirchener Vereins, der gegenwärtig in die fußballerische Bedeutungslosigkeit abzugleiten droht. In Willebadessen steigen die wilden Kerle tatsächlich aus.

Mister Penibel atmet laut durch. »Hach, schön«, sagt er und sucht Zustimmung per Augenkontakt mit der

Umgebung. Die Zugbevölkerung jedoch guckt sofort angestrengt in Bücher, Smartphones, Landschaft oder sucht Krümel auf ihren T-Shirts.

Wie das Comeback der Hallodris in unser Abteil am Bahnhof Altenbeken zustande gekommen ist, bleibt ein Rätsel. Vielleicht doch zu voll gewesen im Nachbarwagen, oder die Gäste-Konstellation widersprach den Vorstellungen der Partymacher, oder sie fassten den Entschluss, den zarten Kontakt mit dem noch nicht Bier trinkenden Unterwürfigen zu vertiefen. Welcher Schlachtruf die Rückkehr einläutete, lässt sich ahnen. Auch das Entsetzen eines einzelnen Herrn. Sein Rad steht wieder in der Falle, und man kann seine Horrorvorstellung, wie es von den marodierenden Kerlen in Kleinteile zerlegt wird, aus dem Gesicht ablesen.

Die voraussehbare Entwicklung nimmt ihren Lauf. Je höher der Bierkonsum, desto besser die Laune – zumindest bei der Reisegruppe. Es wird gesungen, angestoßen, aufgestoßen. Für die übrigen Fahrgäste ist das nicht unbedingt Vergnügen pur, die meisten scheinen die Veranstaltung jedoch als Sozialstudie einordnen zu wollen, und zu den amüsierten Beobachtern gehöre auch ich.

Mister Penibel bildet einen Ein-Mann-Protest. Fünf Minuten nach der Wiederkehr dreht er sich tatsächlich zur Runde um und wagt zu sagen: »Entschuldigung, könnten Sie vielleicht ein wenig leiser sein, ich kann mich sonst nicht so gut auf meine Lektüre konzentrieren.«

Von jetzt auf gleich blicken alle Neune auf den Typen, halten kurz den Atem an. Anlauf für das kollektive Losprusten. Erinnert mich an die Saloon-Szene in »-Winnetou I«. Eddi Arent in der Rolle des Lord Castlepool beschwert sich über das Verhalten der Banditen, und Mario Adorf als Schurke Santer ballert seine Pistolenschüsse dem Lord so knapp vor die Füße, dass der unfreiwillig tanzen muss, während die Bösewichte sich heiser lachen.

So ähnlich kann ich mir den Fortgang jetzt auch vorstellen. Doch die Jungs belassen es beim Grölen und Kichern. »Kein Probleeeem!«, schreit der Rotkopf, der Santer der Neuzeit. Von da an mahnt er seine Kumpel alle Minuten mit theatralischer Finger-vor-dem-Mund-Geste. »Psssst, Leute – wir sollen doch leiser sein!!!«

Der Ruhebedürftige tut daraufhin mit verkniffenem Gesicht so, als sei er zu sehr in die Zeitschrift vertieft, um das zu bemerken. Nicht, dass es doch noch Prügel setzt. Spannend wird's ein letztes Mal, als der Herr in Soest aussteigen muss. Mühevoll quetscht er sich mit Rucksack in den Großraum, steuert auf das augenscheinlich unversehrte Rad zu und fragt vorsichtig einen im Weg stehenden Banditen: »Darf ich mal?«

Er darf. Die Jungs sind im Großen und Ganzen ganz anständig. Bieten ihm sogar ein Wasser an, obwohl sie mit Sicherheit keins dabei haben. Dankend ablehnend, huscht Mister Penibel aus dem Zug. Mit ihm noch einige andere, so dass nun Plätze frei sind. Unter anderem in der Vierersitzgruppe, in der ich gerade mein Brötchen mümmele.

»Mahlzeit!«, wünscht Rotkopf Santer, lässt sich neben mir nieder und ruft seinem Tross zu: »Jungs, hier sind noch zwei Plätze frei!«

Als alle in den Polstern Position bezogen haben, erwidere ich: »Mahlzeit!«

Und dann fällt der Satz, ausgesprochen vom schwarzhaarigen Dreitagebartträger vor mir: »Sag mal, willst'n Bier?«

Damit erobert er schlagartig meine volle Sympathie. »Ich dachte, du fragst nie«, antworte ich und habe dreißig Sekunden später eins in der Hand.

»Ihr seid aber nicht alle Schalke-Fans, oder?«, will ich wissen, »oder wo stecken eure Trikots und Schals?«

»Nee, mit Schalke haben wir nix am Hut«, sagt Rotkopf Santer und deutet auf den Bierspender, »nur der Benny. Wir rufen das, um ihn zu ärgern, weil Schalke gerade besonders scheiße spielt.«

Benny verdreht gespielt die Augen, lässt aber ein gelassenes Schmunzeln blicken.

»Was habt ihr denn zu feiern?«, frage ich.

Wieder zeigt Santer auf Benny: »Der heiratet morgen. Heute ist Junggesellenausstand.«

Dann dreht er sich um. Keine Ahnung, warum ich das erst jetzt bemerke: Auf der Rückseite der Shirts steht »Benny heiratet, wir saufen nur«.

»Oh«, sage ich, »dann, äh, herzliches ... herzlichen Glückwunsch.«

»Jau, danke«, sagt Benny.

Immerhin: keine Eisenkugel um die Fessel des Bräutigams. Ich schaue ihm fest in die Augen, in denen ein gewisser Anteil der eingenommenen Flüssigkeit zu schwimmen scheint.

»Also«, setze ich bedeutungsschwer an, »du bist auch ganz sicher, dass das eine gute Idee ist?«

Rotkopf lacht, der dritte Sitznachbar auch, Benny bleibt bei seiner Gelassenheit.

»Wieso nicht, ich bin jetzt zehn Jahre mit meiner Braut zusammen«, sagt er.

»Eben drum«, entfährt es mir beinahe, ich rufe mich aber rechtzeitig zur Ordnung. »Nee, dann ist ja alles gut.«

In den folgenden fünfzig Minuten zerpflücken wir das ganze fußballerische Elend von Schalke, loben das Aroma von Bier aus Warburg, vergleichen Erfahrungen aus bisherigen Junggesellenausständen und Ehen sowie das Ziel der Reise, nämlich das Treffen mit Anderen in Duisburg. Mannomann, das muss man wollen, denke ich. Und damit meine ich weniger die Heirat als das Feiern in Duisburg.

Das Eurodance-Gepumpe aus dem Ghettoblaster ist trotz Alkoholeinfluss nicht leichter zu ertragen. Als »Barbie Girl« von Aqua aus der Box quäkt, wende ich mich an den Anführer: »Könnt ihr auch richtige Musik spielen?«

»Du kriegst gleich einen auf die Fresse!«, poltert Rotkopf Santer. Gerade überlege ich, ob ich mich zu erkennen gebe. Ich könnte einfach sagen: »Wohlan, wenn ihr es mit Old Shatterhand aufnehmen wollt!«

Doch in dem Moment klopft mir Santer auf die Schulter. »War 'n Spaß natürlich, was willste hören?«

Meine Anregung, zum Hardrock zu wechseln, wird mit »I was made for lovin' you« und »Rebel Yell« beherzigt. Allerdings in den Coverversionen von Scooter. Noch viel schlimmer als »Barbie Girl«. Aber ich sehe ein, ich sitze auf verlorenem Posten.

Der Inhalt meiner mittlerweile dritten Flasche neigt sich ebenso dem Ende entgegen wie die Fahrt. Zumindest laut Plan. Denn die Regionalbahn wird mit zwanzig Minuten Verzögerung in Dortmund ankommen – zu spät für meinen Anschluss nach Witten.

»Komm, nimm nochmal 'n Bier!«, sagt der Bräutigam.

Gerade will ich ablehnen, als ich sehe, dass der Zug neun Minuten später in Bochum stoppen wird. Auch nicht weiter weg von der Heimatstadt.

»Ach komm«, sage ich, »wenn es weg muss.«

Vierzehn Minuten sind es dann doch, bis sich unter uns herzzerreißende Abschiedsszenen abspielen. »Hömma«, sag ich zu Benny, »überleg dir das nochmal.«

Er lacht bloß, ruft beseelt »Schaaaaaalke!«, und alle stimmen ein.

Mein Blick ist inzwischen leicht verschwommen, irgendwie wackelt und brummt das Bild um mich herum. Vibrationshintergrund.

Leider ist auch in Bochum die S-Bahn nach Witten weg. Und es dauert bis zur nächsten. Ich steige aufs Klapprad und trete beschwingt in die Pedale. Rufe aus meiner Musik-App Scooter auf, »How much is the fish?« Gar nicht mal so übel.

Durchsage

Weil uns gerade in Mülheim-Styrum ein Güterzug vor die Nase gehängt wurde, geht es aktuell nur schleppend voran. Aber sehen Sie es positiv: mehr Fahrtzeit für denselben Preis – das bekommen Sie auf keiner Achterbahn!

BESCHLUSS NUMMER ZWEI: WEGEN FRAU MÜLLER

Drei Monate 9-Euro-Ticket im Sommer 2022. Ein Vierteljahr Fahrgast-Stimmung zwischen Begeisterung und Brechreiz. Menschen mit geringem Budget lieben es, durch die Republik zu reisen, Menschen auf dem Arbeitsweg entwickeln Mordgelüste wegen der ungewollten Flatrate auf blaue Flecken.

Ab September wird das ein Ende haben, doch Forderungen nach einer Fortsetzung werden laut. Durfte man das Volk dauerhaft vom Gipfel aller Schnäppchen zurück in den Abgrund alter Regional-Fahrpreise schubsen?

Und so begab es sich, dass die Urheber der postmodernen Butterfahrten in neuen Beratungen das auszubaden gedachten, was der eigene Populismus angerichtet hatte. Wie gut, dass auch dieses Protokoll geleakt wurde und an die Öffentlichkeit gelangte.

1. Oktober 2022, Besprechungsraum im Kanzleramt. Olaf Scholz entfernt nach langer Bewegungslosigkeit eine Spinnwebe vom rechten Ohr, Robert Habeck googelt auf dem Handy nach Ideen für ein neues Kinderbuch. Statt Volker Wissing ist Parteigenosse und Finanzminister Christian Lindner dabei. Am Tablet liest er gerade die Mail seines Pressereferenten: »Hier will eine Journalistin wissen, was du beruflich machst, was soll ich der antworten?«

Scholz: So, Kinners, 21 Uhr, woll'n wir dann mal? Ich würde ins Wochenende gehen wollen.

Lindner: Dito. Montag ist Feiertag, ich flieg morgen früh nach Tokio, meine Frau will einkaufen.

Habeck: Moment, du fliegst zum Shoppen kurz nach Japan, um einzukaufen? Hast du mal ans Klima gedacht?

Lindner: Ja, gestern, als meine Nichte fragte, was sich auf Perus Hauptstadt reimt.

Habeck: Boah ey, Lindner, du ...

Scholz: Kinners, jetzt nicht wieder streiten, wir müssen uns vertragen, damit wir schnell Feierabend machen können. Ich frag mich nur, wo die Annalena bleibt.

Habeck: Die Kollegin Baerbock ist heute nicht dabei, ist im Ausland.

Scholz: Was? *(denkt nach)* Schon wieder im Urlaub?

Lindner: Sie ist Außenministerin, Olaf.

Scholz: *(lacht)* Guter Witz, Christian! *(stutzt)* Achso. Egal, Leute, lasst uns anfangen. Worum geht's nochmal?

Lindner: Du hast uns eingeladen, um zu klären, wie wir den Pöbel mit einem neuen Deutschland-Ticket besänftigen können.

Scholz: Natürlich, natürlich. Tja, ähm, Vorschläge?

Habeck: Eins ist klar: 9 Euro kriegen wir nicht mehr durch, sonst geht der Staat pleite. Wir brauchen jetzt eine positive Erzählung des Wandels. Es gilt ja auch, das Nihilistische vom Abnutzungs-Interventions-Zirkel abzutrennen, statt es ins Pejorative zu wenden.

Lindner: Äh, was war das im Mittelteil mit Zirkel?

Habeck: Ach, egal, ich versteh es ja selbst nicht.

Lindner: Merkt man.

Scholz: Kinners, ich finde, das 9-Euro-Ticket war eine der besten Ideen, die wir als Regierung hatten.

Lindner: Das sagt schon einiges.

Scholz: Christian, du gehörst aber schon noch dazu?

Habeck: Wir müssen ein neues Ticket hinbekommen, das klar über 9 Euro liegt und trotzdem nicht zu teuer ist. Und natürlich müssen sich Bund und Länder finanziell beteiligen. Als Verlustausgleich für die Verkehrsunternehmen.

Lindner: Dafür bin ich nicht zu haben. Die Bevölkerung entwickelt eine Gratis-Mentalität. Wir können denen nicht alles hinterherwerfen, ist wie beim bedingungslosen Grundeinkommen.

Habeck: Ich kotze gleich im Strahl. Manche unserer Nicht-Wählerinnen und -wähler wissen nicht, wie sie über den Monat kommen, und der Finanzminister redet so einen Scheiß. Aber deinen Lobbyisten darf es auf keinen Fall schlechter gehen, sonst kannst du bei deiner nächsten Hochzeit nicht mehr im Porsche vorfahren.

Lindner: Nur kein Neid, Kollege. Was soll denn diese platte Moralkeule?

Habeck: Ich sage das nur, falls wir überwacht werden und das Gespräch an die Öffentlichkeit kommt.

Scholz: Christian, was machst du da jetzt wieder am Handy, hör doch mal zu!

Lindner: Ich schicke nur mein Statement dazu an die Bild-Zeitung.

Scholz: Was??

Lindner *(grinst süffisant)*: Das war ein Scherz!

Scholz: Naja, Christian, manchmal bin ich bei dem, was du sagst … also da bin ich als Sozialdemokrat …

Habeck und Lindner schauen den Kanzler erwartungsvoll an.

Habeck: Ja, Olaf? Da bist du was?

Scholz *(zögernd)*: Etwas unentschlossen.

Lindner: Passt gar nicht zu dir.

Scholz: Nicht?

Habeck: Olaf, du bist ein wandelnder Verstoß gegen das Betäubungsmittelgesetz! Aber wir müssen jetzt nach außen den Eindruck vermitteln, dass wir eine klare Linie haben. Sonst schreibt die Presse wieder, dass die Koalition wackelt. Und irgendwann wird sie das auch. Das ist auf Basis der humanistisch ziselierten Fernheizungs-Industrie …

Er bricht ab, denn die Tür öffnet sich, eine Frau tritt ein und erschrickt.

Frau: Huch! Sorry, ick dachte, am Wochenende is' hier keene Sitzung. Ick muss hier sauber machen jetze.

Habeck: Halt, kommen Sie ruhig rein, Sie stören überhaupt nicht.

Lindner: Nun ja.

Scholz: Öh, ja, warum nicht, kommen Sie doch bitte, Frau …

Frau: Müller, Lieschen Müller.

Scholz: Hmmm, woher kenne ich nur diesen Namen?

Habeck: Frau Müller, schön, dass Sie da sind. Wir sprechen gerade über das 9-Euro-Ticket. Wie finden Sie das?

Frau: Dass Sie drüber reden? Oder dass Sie, Herr Lindner, Gratis-Mentalität befürchten?

Lindner: Sie haben gelauscht!

Frau: Habbick nich' nötig. Den Scheiß erzählen Sie doch andauernd. Ick will Ihnen mal wat sagen: Wer kriegt denn hier alles gratis? Eintritt ins Fußball-Stadion, zur Berlinale? Immer VIP-Lounge, Kaviar am Büffet. Alles kriegen Sie in den Hintern geblasen, alle Politiker, und dann haben wir Normalos 'ne Gratis-Mentalität? Wenn ick Herr Scholz wäre, dann würd ick Sie als Minister feuern. Dann kriegen Se nich mal 'nen Aushilfsjob bei Hertha, und dit is' schon 'n Scheißverein.

Lindner *(mit rotem Kopf)*: Ich, äh, meinte damit nicht Sie, sondern mehr so ...

Frau: Nee, is klar.

Scholz: Na, sagen Sie mal, Frau Müller, wie finden Sie denn das 9-Euro-Ticket?

Frau: Dreimal dürfen Se raten, Herr Kanzler. Ick würde sagen, dit war die beste Idee, die die Regierung hatte.

Scholz *(zu den Anderen)*: Seht ihr, seht ihr? Sag ich doch!

Frau: Jenau jenommen ooch die einzige!

Habeck: Frau Müller, 9 Euro kriegen wir nicht wieder durch. Wie viel wären Sie bereit, für ein Deutschland-Ticket zu bezahlen?

Frau: Na, Sie können Fragen stellen! Ick komm ja schon mit 9 Euro kaum über die Runden.

Scholz: Was kriegen Sie denn für das Reinigen im Kanzleramt, Frau ...

Frau *(leicht genervt)*: Müller, Lieschen Müller. 12 Euro die Stunde.

Lindner: Moment, das kann nicht sein, das ist unter Mindestlohn.

Frau: Ick weeß. Ick putze schwarz.

Scholz: Sie putzen waaas??? Aber das geht wäre Gesetzesbruch, in meinem Haus!

Frau: Och, wissen Se, eener wenijer oder mehr ...

Habeck: Meine Güte, wenn das die Presse erfährt!

Lindner: Das dürfte es dann gewesen sein mit deiner Kanzlerschaft, Olaf! Frau Müller, was möchten Sie trinken? Ich schmeiße eine Flasche Champagner!

Frau: Ick schmeiße gleich wat janz Anderes. Mit mir können se keene Intrijen spinnen, ick sage keenem wat und habe ihnen ooch nischt jesagt, kapiert? Ick spiel weiter Lotto. 6 aus 49, dit is ne ehrliche Million. Muss ja irgendwann klappen.

Scholz: Au backe, das ist mir jetzt unangenehm.

Frau: Herr Bundeskanzler, is besser, wenn Se sich nich mehr an dit Jespräch hier erinnern. Darin ham se doch Übung, wa? So, meine Herren, ick komme inner halben Stunde wieder zum Saubermachen, da will ick hier keenen mehr von ihnen sehn.

Frau knallt die Tür zu und ist weg.

Alle: Wumms!

Scholz: Puh. Diese Frau Müller …

Habeck: Der Wähler, das unbekannte Wesen.

Lindner: Du hast nicht gegendert, Robert.

Scholz *(unvermutet)*: Halt endlich die Schnauze, Christian!

Habeck: Huch!

Lindner: Hui, der Olaf kann ja richtig entschlossen sein!

Scholz: Leute, es wird Zeit für eine Aktion mit … mit … Wumms!

Lindner: Geht das schon wieder los!

Habeck: Also, was machen wir nun?

Scholz: Ich weiß nicht. Die Zeit läuft. Gleich kommt Frau Müller zurück, und ich habe Angst.

Lindner: Dann nehmen wir doch die Putzkraft beim Wort.

Habeck: Wie jetzt?

Lindner: Sie spielt 6 aus 49. Lotto. 49 Euro, das wäre für ein Deutschland-Ticket wahrscheinlich machbar.

Scholz: Bist du sicher, Christian?

Lindner: Nein. Aber ich habe auch Angst vor Frau Müller.

Scholz *(atmet auf)*: Okay, wir geben das in den Bundestag. Robert?

Habeck: Ich bin dabei.

Scholz: Großartig! Dann lasst uns schnell abhauen!

Lindner: Das muss ich sofort twittern und posten!

Scholz: Untersteh dich! Sonst befolge ich irgendwann den Rat von Frau … dings … Müller!

Lindner: Hä, was meinst du denn?

Scholz: Ich entlasse dich als Finanzminister!

Lindner *(schlägt sich auf einen Oberschenkel)*: Ha, dass ich nicht lache!

Scholz: Gute Nacht!

Durchsage

Einen schönen Gruß aus dem Bordrestaurant.
Wir haben ab jetzt geöffnet. Sie sind 1000, wir nur fünf.
Bitte behandeln Sie unser Personal pfleglich.
Wir haben nur uns, und wenn wir nicht mehr können,
ist Schicht im Schacht.

Durchsage

Leider wissen wir nicht, ob der nächste Halt
Essen oder Dortmund ist.
Laut meinen Informationen
halten wir in Bochum.

AUF DER SCHMALSPUR

»Der hält, der hält wirklich!«
»Aber Sie sind doch Wessis!«
»Scheiß-Möhrensaft.«

Zitate aus einer Geschichte, die mit Scheitern zu tun hat. Einem fröhlichen Scheitern immerhin, also dem souveränen Belustigungsgewinn daraus, dass nichts so läuft wie geplant. Im Büro eines guten Freundes brachte es über Jahre ein dort hängender Spruch wunderbar auf den Punkt: »Das Gelächter ist der Hoffnung letzte Waffe.«

Dröseln wir mal die Hintergründe eines turbulenten Tags im deutschen Norden auf und beginnen beim Möhrensaft. Den pfeife ich mir regelmäßig nicht nur wegen des guten Geschmacks rein, sondern weil er die Hautzellen mit Feuchtigkeit versorgt und vor Zellgiften abschirmt. Stand in der Apothekenrundschau, muss also stimmen. Schöner Nebeneffekt vor allem im Winter: Die Körperoberfläche ist nicht weiß wie ein Laken, sondern bekommt eine dezente Dunkeltönung.

Für unseren Trip in einem ganz besonderen Zug an diesem Februartag hat das natürlich keine Relevanz. Aber warten Sie mal ab. Erst einmal bestaunen wir einen Veteranen: Molli heißt er.

Molli ächzt, poltert, ruckelt. Für seine Verhältnisse ist er beachtlich in Fahrt, aber so ein Protz muss ja immer noch eins drauf setzen. Deshalb pfeift er ab und zu. Ein raues, heiseres Lied, das Aufmerksamkeit erregen soll. Weil auch das nicht genug ist, qualmt Molli wie 10 000 rinderhütende Marlboro-Cowboys und stinkt wie Sau. Und trotzdem allem: Er wird geliebt.

Seit rund hundertvierzig Jahren darf die alte Schmalspureisenbahn an der deutschen Ostseeküste von Bad Doberan bis Kühlungsborn ihre Umgebung verpesten, angetrieben von Kohle und dem Vorsatz des Vereins zur Traditionspflege des Molli e. V., diese Touristenattraktion gegen alle Klimaschutz-Anstrengungen beizubehalten. Ist ja auch besonders. Und besonders günstig für Menschen mit Deutschland-Ticket, es muss nämlich nur den Schmalspurbahn-Zuschlag zahlen.

Nach erfolgreichem Absolvieren unserer ersten Tour mit D-Ticket sind wir diesem treu geblieben und auch auf Fernstrecken fast ausschließlich mit der Bahn unterwegs. Diesmal geht's an die winterliche Ostsee, mit Augenmerk auf die kleinen Nester und Fokus auf Molli.

Molli ist ein röchelndes Museum auf Schienen. Mit schwarzem Panzer aus Eisen und mehreren Schloten obendrauf, innen mit Holz und rötlichen Sitzpolstern von anno dazumal verkleidet, arbeitet er sich an Feldern, Wiesen, Leerstand, Villen und schweineteuren Touristenherbergen vorbei, mit maximal 40 und meistens eher 15 Stundenkilometern.

So schön Molli ist, der Trip zieht unsere CO_2-Bilanz tief in den Keller. Eine Fahrt mit ihm ist etwa gleichbedeutend mit Flügen nach Mallorca und zurück. Zumindest gefühlt. Scheint hier aber sexy zu sein. Auch die Rehe, die wir in den ländlichen Abschnitten passieren, nehmen den weithin ausgehusteten Molli-Qualm voll auf Lunge, als sei dieser die Bedingung dafür, dass Bad Doberan den Kurort-Titel tragen darf.

Nach dem Ausstieg in Kühlungsborn genießen wir Wind, Sonnenstrahlen und das Quietschen ungeölter Möwen. Fazit beim Passieren der Hotels und der Preis-Aushänge: Brauchte man zu DDR-Zeiten für einen Übernachtungsplatz in Hotel, Privatbude oder auf 'nem Campingplatz in erster Linie Connections, benötigt man jetzt Kohle, Kohle, Kohle. Was für ein obszöner Preiswucher!

Nach einem Kaffee und einem Eis auf dem Rückweg offenbart sich am Bahnhof, dass sich der Plan einer frühen Rückkehr zur Homebase Warnemünde erledigt hat: Die einzige Alternative zum erst am Spätnachmittag nach Bad Doberan zurückfahrenden Molli, der Busverkehr nämlich, ist für diesen Tag abgemeldet: Streik! Das Arbeitskampf-Domino hat nach Bahn, Kitas, Arztpraxen, Bauern, Klimakämpfern und Apotheken jetzt den öffentlichen Nahverkehr erreicht.

Was nun? Eineinhalb Stunden bis zur nächsten Molli-Abfahrt. Beim quälenden Zeittotschlag in der benachbarten Drogerie blitzt plötzlich die Idee für eine Beförderungsmethode auf, die beinahe so aus der Zeit gefallen scheint wie die Schmalspurbahn. »Maike«, frage ich Maike, »wann bist du zuletzt eigentlich per Anhalter gefahren?« Maike guckt mich an wie ein Auto, und das ist ja im Kontext nur folgerichtig.

Fünf Minuten später halten wir beide – selbst noch etwas ungläubig, dass wir das wirklich tun – die Daumen an der Bundesstraße Richtung Bad Doberan raus. Wir wähnen uns in einem unschätzbaren Vorteil: Wir sind rund dreißig Jahre älter als bei unserer letzten derartigen Aktion und natürlich entsprechend seriöser. Also zumindest optisch. Kann man zwei teilgraumelierten, ordentlich durchgereiften Personen wie uns die Aufforderung abschlagen, uns ein paar Kilometer in die nächste Stadt mitzunehmen? Man kann. Und das hat unterschiedliche Ursachen. Manche Autofahrerinnen oder -fahrer heben mitleidig die Schultern, weil die hintere Sitzreihe voll ist. Eine Frau schüttelt ihren Kopf über dem Lenkrad entschieden und wackelt dabei mit dem Zeigefinger, als wolle sie bedeuten: »Nee, ihr zwei, so was macht man in eurem Alter doch nicht mehr, wie sieht das denn aus?«

Andere heften ihren Blick aggressiv auf die andere Straßenseite, um uns nicht sehen zu können. Und das, obwohl Maike und ich unser strahlendstes Lächeln aufsetzen.

Ich bin konsterniert.

»Das gibt's doch gar nicht«, rufe ich, »warum hält denn keiner an, wir sind doch total nett?!«

Maike: »Ich fürchte, die Anhalter-Zeiten sind einfach vorbei.«

Ich: »Aber wieso bloß?«

Maike: »Wachsende Kriminalität vielleicht. Angst vor Überfällen.«

Ich: »Hm.«

Maike: »Natürlich vor allem vor Fremden. Da reicht es ja schon, dass jemand etwas dunklere Haut hat, um als potenzieller Straftäter durchzugehen, es ist einfach nur traurig.«

Ich: »Klar, das ist traurig, aber wir zwei sehen doch nun auch nicht aus wie ...«

Prüfend sieht Maike mich an. Dann murmelt sie: »Scheiß-Möhrensaft.«

Trotz dieser Hintergrund-Analyse versuchen wir es weiter. Bis ein Mann aus der Gegenrichtung kommend sein Fahrzeug parkt und über die Straße auf uns zusteuert. Älterer Mann mit Hut, dünnen geplatzten Adern auf den Wangen und forschem Blick.

Mann: »Wohin wollen Sie?«

Maike: »Bad Doberan.«

Mann: »Ich habe ein Mietwagen-Unternehmen. Muss hier kurz ins Geschäft und werde Sie dann fahren. Was zahlen Sie?«

Ich: »Was?«

Mann: »Mein Vorschlag: 35 Euro!«

Maike: »25!«

Mann: »30?«

Ich: »Nee, sorry, das zahlen wir nicht.«

Und dann fällt dieser Satz dieses Mannes: »Aber Sie sind doch Wessis!«

Maike: »Was?«

Mann: »Sie sehen aus wie Wessis.«

Ich: »Und wenn wir es wären, was würde das bedeuten?«

Mann: »Dass Sie genug Geld haben.«

Kurz überlege ich, Leipziger mit westdeutschem Migrationshintergrund, dem Typen zu verklickern, was ich von seiner Mentalität halte, Menschen für ihre Herkunft zu bestrafen, in dem er höhere Preise aufruft als für seinesgleichen. Halte mich aber zurück.

Maike: »Wir sind aus Leipzig.«

Mann: »Ach, hätte ich nicht gedacht, so wie sie angezogen sind.«

Ich schaue an meinem alten Wintermantel herunter, der in diesem Jahr volljährig geworden ist: »Ach, ist ja 'n Ding.«

Mann: »Heißt das etwa, Sie wollen überhaupt nichts bezahlen?«

Ich: »Nun ja, das ist der Sinn beim Fahren als Anhalter. Sonst könnten wir uns ein Taxi nehmen. Nichts bezahlen und nette Leute kennenlernen, das ist der Rock'n'Roll bei der Sache.«

Freundlich verabschieden wir uns vom Ostdeutschen, der den Kapitalismus ziemlich gut kapiert hat – und halten wieder den Daumen raus. Maike steht vor mir, ich sehe sogar an ihrem Hinterkopf, dass sie wieder lächelt, sobald ein Auto naht.

Ohne sich umzudrehen, will sie wissen: »Lächelst du auch?«

»Klar«, sage ich, »aus Verzweiflung«.

Inzwischen generiert unser Selbstversuch einen ersten Schaulustigen: Auf dem Balkon des schräg gegenüberliegenden Hauses hat sich ein junger Kerl postiert. Unter dem Vorwand, eine Zigarette rauchen zu wollen, beobachtet er uns verstohlen und tippt zwischendurch etwas in sein Smartphone. Möglich, dass er googelt. »Was bedeutet es, wenn Menschen am Straßenrand stehen und den Daumen hochhalten?«

Mögliche Antwort: »Das sind Mini-Jobber, die im analogen Raum Werbung für Facebook machen.«

Der Typ sieht auch, wie ein älteres Paar an uns vorbei spaziert und stehenbleibt.

»Tja, das wird schwierig«, kommentiert der Mann, in dessen Armbeuge sich seine Frau gehakt hat, »ich würde Sie auch nicht mitnehmen.«

Maike runzelt die Stirn. »Wieso nicht, schau'n wir nicht seriös genug aus?«

Ich ergänze: »Wir wurden sogar schon für Wessis gehalten.«

»Das ist es nicht«, sagt der Mann, »aber wenn auf der Fahrt ein Verkehrsunfall passiert, gäbe das ein versicherungstechnisches Problem.«

Maike und ich sind sprachlos. Ob es noch ein anderes Land als Deutschland gibt, in dem seine Bewohner nur Kohle und Angst im Kopf haben?

Das Paar wünscht immerhin viel Glück und wackelt weiter.

Und dann passiert es. Der Fahrer eines Pkw mit der Aufschrift »Meerfun Ferienvermietung« blickt uns kurz an, drosselt unmittelbar die Geschwindigkeit, blinkt rechts und hält.

»Yeeeeeees!«, ruft Maike und formt aus beiden Zeigefingern und Daumen ein Herz in Richtung Fahrer.

»Der hält, der hält wirklich!«, rufe ich beglückt.

Eine Millisekunde, bevor meine Hand aus dem achtzehn Jahre alten West-Mantel Richtung Beifahrer-Türklinke fährt, sehen wir den Grund des Stopps: Der Kerl will rechts auf den Hof der Firma »Meerfun Ferienvermietung« einbiegen, muss aber unser fußlahmes Ehepaar vorbeilassen.

Das wiederum dreht sich zu uns um, lächelt mitleidig und zuckt mit den Schultern. »Manchmal isses wie verhext, nech?«, ruft der Alte.

Nach Bad Doberan sind wir eine Stunde später dann doch mit dem letzten Molli gefahren. Diese Schmalspur, sie kann auch Bestimmung sein.

Durchsage

Liebe Fahrgäste, wenn Sie irgendwelche Beschwerden zu meiner Person haben – meine Mutter ist gerade zugestiegen.

Durchsage

Die Person mit dem weißen T-Shirt und der schwarzen Hose, mit Zigarette im Mund in der Tür stehend, ist ab sofort Ihr Ansprechpartner bei Fragen zu Ihren Anschlusszügen!

Durchsage

Ab Bremen wird dieser Zug zum Intercity. Alle Fahrgäste mit Nahverkehrs-Ticket, Deutschland-Ticket, Semester-Ticket, Hab-ich-nicht-gewusst-Ticket und Hat-mir-niemand-gesagt-Ticket nehmen in Bremen dann den Regionalexpress 8 nach Hannover.

DAS WUNDER VON MANNHEIM

Irgendetwas stimmt nicht. Irgendetwas ist anders. Und nicht etwa, weil der ICE von Leipzig nach Mannheim ungeplanterweise kein Bordbistro mit sich führt. Das kann mal passieren. Und bei der Bahn öfter. Aber nee, das ist es nicht.

Vielleicht liegt es an den Zwischenhalten. Die gehören natürlich zum Bahnfahren in Deutschland wie der Louvre zu Paris, doch mit zunehmender Dauer der auf gut dreieinhalb Stunden angesetzten Reise Richtung Südwest passiert es immer öfter, dass der Zug an Tempo verliert und mitten auf der Strecke stehenbleibt wie ein Kurzstreckenläufer, der für die ungewohnte Marathon-Distanz Verschnaufpausen braucht. Hinzu kommt: Niemand der Mitfahrenden quittiert die Stopps mit ärgerlichen, sondern erstaunten Blicken auf ihre Uhren.

Aus meiner Sicht bestätigt die zwischenzeitliche Verlangsamung die Wahl unserer Reisetaktik. Die im Wortsinn zügigste Variante nach Paris wäre ein späterer ICE nach Mannheim gewesen – mit nur zwölf Minuten Umstiegszeit für den TGV in die französische Hauptstadt. Weil das Gelingen dieser Mission eine ähnlich hohe Wahrscheinlichkeit hat wie das Aufhalten des Klimawandels durch das Verbrennen von Autoreifen, haben wir einen früheren Zug gebucht, mit einer guten Stunde Puffer zur Weiterreise.

Noch also können uns die Zwischenhalte nicht groß jucken.

Erstaunlich aber, dass um uns herum die Leute tuscheln. Die junge Alleinreisende mit Schiebermütze und blutrot gefärbten Lippen in der gegenüberliegenden Sitzgruppe nuschelt ein »Gibt's doch gar nicht«. Muss die erste Bahnfahrt ihres Lebens sein, wenn sie sich über Verspätung wundert.

Es bleibt dabei, das atmosphärische Grundrauschen ist ein anderes. Die Auflösung gibt der Zugbegleiter übers Mikro. »Meine Damen und Herren, wie manchen von ihnen vielleicht aufgefallen ist, legen wir immer mal ein Päuschen ein. Wir machen das unter Berücksichtigung der Weichenstellung auf dem Streckennetz und damit wir unsere Ziele nicht zu früh erreichen. Wir sind nämlich ein kleines bisschen zu schnell unterwegs.«

Kennen Sie den Achtziger-Jahre-Film »Die unglaubliche Reise in einem verrückten Flugzeug«? In dem die Stewardess nach dem krankheitsbedingten Ausfall von Pilot und Co-Pilot die Durchsage macht: »Liebe Passagiere, es gibt keinen Grund zur Beunruhigung – aber befindet sich vielleicht jemand an Bord, der weiß, wie man ein Flugzeug fliegt?« Die Folge ist Panik in den Sitzen, angstgetriebenes Geschrei überall. Das Ausmaß dieser Emotion müssen Sie sich nun aus dem gegenteiligen Anlass vorstellen. Nach kurzer Erstarrung in Ungläubigkeit bricht unter den Zugreisenden ein Gejohle aus, das sich derart rückhaltlos zuletzt wohl beim 7:1 der Deutschen gegen Brasilien während der WM 2014 abspielte.

Menschen erheben sich von den Sitzen, ballen die Fäuste, klatschen sich ab, fallen sich in die Arme, manche fangen an zu singen. »Oh, wie ist das schön, oh, wie ist das schön, so was hat man lange nicht gesehn, so schön, so schööööön!«

Vielleicht übertreibe ich minimal, aber die Ausgelassenheit ist doch deutlich spürbar. Auch Maike und ich schauen uns perplex an und können es kaum fassen. Verfrühung statt Verspätung bei der Deutschen Bahn, ist das die Möglichkeit? Und wir sind dabei! Zeitzeugen eines historischen Ereignisses, von dem ich später meinen Urenkeln werde erzählen können, die mir dann beruhigend die Wangen tätscheln und sagen: »Ja, jaaa, Ur-Opa, ganz ruhig, hast du eigentlich deine Tabletten genommen?«

Trotz aller weiteren Versuche des Lokführers, die Ankunft zu verzögern – die vor dieser Fahrt als absurd einzustufende Aussicht, viel zu früh in Mannheim auszusteigen, sie ist gegeben. Die Zwischenhalte im ICE gehen weiter, es hört einfach nicht auf. So wie die Torfolge gegen Brasilien. Wo bleibt eigentlich der Zugführer, um uns zu kontrollieren? Es herrscht Redebedarf, keine Frage.

Wahrscheinlich kommt der von jetzt auf gleich berühmte Bahnangestellte auf den Wegen durch die Abteile nicht weiter, weil zu viele Menschen ein Selfie mit ihm machen möchten, um sie bei Twitter, Instagram und Co. hochzuladen. Ja, gäbe es in diesem Zug das Bordrestaurant, der Schampus flösse in Strömen. Kurzum, es ist fühlbar, dass hier gerade etwas ganz Großes geschieht. Maike meint, man solle ein Buch über diesen Tag schreiben. Ich bin gewillt, das anzugehen.

Ansonsten beschäftigt wahrscheinlich nicht nur uns, ob wir emotional und rhetorisch gewappnet für Interviews von Reportern sind, die den Zug nach der Ankunft belagern werden. Die Schlagzeilen in den Medien tanzen bereits vor unseren Augen. »Das Wunder von Mannheim«, titelt Spiegel online, die taz meldet »Bahnbrechendes im ICE«, die Bild jubelt »Wir sind Bahn«, die FAZ staunt über »Die Quadratur des Gleises« und die Süddeutsche Zeitung denkt schon weiter: »Sind Deutschlands Züge zu langsam getaktet?«

Das Unternehmen selbst nimmt den positiven Schwung aus dem Ur-Ereignis mit und verspricht: Eltern, die ihr Kind auf den Namen des Lokführers taufen – vielleicht heißt er Waldemar –, auch wenn es ein Mädchen ist, erhalten das Deutschland-Ticket ein Jahr lang kostenlos.

Sicher lachen Sie bei diesem Gedanken. In Leipzig aber ist schon mal so etwas Ähnliches passiert. Als am 20. September des Jahres 2001 der neue Bau von Galeria Kaufhof am Neumarkt eröffnete, ersann der Filialleiter einen PR-Coup: Für jedes am selben Tag geborene Leipziger Kind gibt es einen Einkaufsgutschein über 1000 D-Mark. Und, jetzt kommt's: Tauften die Eltern ihr Kind Galeria, wurde das mit einem Sparbuch über 5000 Mark belohnt, außerdem ein späterer Ausbildungsplatz für das Kind reserviert. Das Ergebnis der Aktion: Es gibt tatsächlich zwei Elternpaare, die sich über den fragwürdigen Wühltisch ziehen ließen. Nicht überliefert ist, ob Vivian Galeria und Frauke Galeria in dem Unternehmen arbeiten. Wir wollen es nicht hoffen – das Schicksal der meisten Filialen ist deutlich bekannter als der schräge Werbegag.

Aber zurück zum Wunderzug nach Mannheim, in dem wir uns gerade eine weitere Frage stellen: Was fangen wir mit der geschenkten Zeit in der Stadt am Neckar vor dem

Besteigen des TGV an? Besuchen wir das Barockschloss oder einfach eine Kino-Vorstellung? Könnte es sich sogar lohnen, eine Ferienwohnung zu mieten?

Der Entschluss wird uns vom Zugbegleiter abgenommen, der vielleicht Waldemar heißt, während des nächsten Zwischenstopps, wenige Kilometer vor dem Ziel. »Liebe Reisende, leider verzögert sich unsere Wartezeit nun um einige Minuten. Wir müssen erst einen verspätet abfahrenden Zug an uns vorbeilassen. Wir bitten um Entschuldigung.«

Da ich vorhin »Die unglaubliche Reise in einem verrückten Flugzeug« zitierte – kennen Sie die Geschichte von Max Frisch über einen Mann, der seine Rolle im Leben darin gefunden hat, ein Verlierer zu sein und ständig Pech zu haben? Er kannte gar nichts anderes. Eines Tages jedoch passierte Ungeheuerliches: Der Mann hatte alle Lottozahlen richtig getippt und war von einem Augenblick zum nächsten Millionär. Fassungslos über sein Glück ging er Richtung Laden, um den Gewinn anzumelden. Auf dem Weg fiel ihm sein Lottoschein aus der Hand, rutschte in einen Gulli und war verschwunden. Und eigentlich war der Mann ganz froh, weil er nicht gezwungen war, das Selbstbild des Pechvogels ändern zu müssen.

Irgendwie ging das an diesem plötzlich doch nicht historischen Reisetag allen Beteiligten ähnlich. Lokführer, Zugbegleiter und Reisende, wir alle atmeten auf, dass es letztlich so war wie immer. Das Wunder von Mannheim, es wäre viel zu aufregend gewesen.

KLARE ANSAGEN: HEIKO GRAUEL IST DIE STIMME DER DB

21 Millionen hören ihn, jeden Tag. In der ganzen Republik. In gewaltigen Schallwellen. Seine Worte und Botschaften können Herzen höher schlagen lassen, Vorfreude auslösen oder Irritation oder Fassungslosigkeit bis hin zu Wut. So etwas schaffen ganz wenige bei so vielen. Heiko Grauel gelingt das locker und vor allem, ohne Politiker zu sein. Denn er ist die Stimme der Deutschen Bahn. Grauel sagt das Eintreffen der Züge an, Gleiswechsel oder Verspätungen. Er macht Reisende erwartungsfroh oder stinksauer. Und einmal hat er es sogar geschafft, sich selbst zu verärgern. Aber dazu später mehr.

Sorgen wir erst mal für die korrekte biografische Wagenreihung, bis wir einfahren in die Gegenwart. Geboren wurde Heiko Grauel im Weltmeisterjahr 1974, als die deutsche Mannschaft trotz des Versuchs der DDR, Gerd Müller und Co. das Sparwasser abzugraben, den Titel zum zweiten Mal in der Historie holte.

Nach dem Abitur bekam der junge Mann – unschlüssig, ob er ein Studium beginnen sollte – Wind davon, dass ein lokaler Radiosender in Aschaffenburg Praktikanten suchte. Er probierte es und machte in kurzer Zeit so ziemlich alles. Auf die erste Woche mit Nachrichten-Sprechen folgte in der zweiten der Spruch: »Hör mal, wir haben noch keinen fürs Samstagabend-Programm, mach doch mal.«

Kurz darauf fand er sich vor einem Pult mit über einem Dutzend Reglern und Knöpfen wieder. »Die unbekannte Technik zu bedienen und parallel dazu keinen Quatsch zu erzählen, das war eine große Herausforderung.« Den Mitschnitt von damals hat er dank seiner Mutter immer noch. »Und er ist grauselig«, so sein Urteil.

Dennoch, der Fuß war in der Tür, und während des Zivildienstes moderierte Heiko weiter. Ein paar Male wechselte er den Sender, beim Hessischen Rundfunk ließ er sich dann zum Off- und Synchronsprecher ausbilden. Eines Tages ermunterte ihn eine Kollegin: »Mit deiner Stimme kannst du mehr machen – geh doch mal ins Tonstudio und bewirb dich bei Castings für Werbung.«

Er tat es. Seit 1993 ist Heiko Grauel als Sprecher in Fernsehdokus, Werbespots, Spielen und Hörbüchern präsent. Seit 2009 nimmt er die vielen Karl-May-Bücher von Wüste bis Wildwest auf. Privat war er zuvor zu faul gewesen, die dicken Schinken zu lesen und bevorzugte die oft wenig originalgetreuen Verfilmungen mit Pierre Brice und Lex Barker. Nun aber hob er doch noch den »Schatz im Silbersee« und all die anderen Bände. Der Beruf also sorgte für die Mutation vom Lektüremuffel zur Leseratte.

Dass der Sprecher jetzt Reisende auf rund 5700 Bahnhöfen in Deutschland mit Informationen versorgt, liegt an der Teilnahme an einem Wettbewerb, den die Deutsche Bahn 2018 startete: auf der Suche nach der perfekten Stimme, die den bisherigen Durchsagen die Monotonie nahm, die natürlich, freundlich und warm klingen sollte. Als einer von gut hundert Bewerbern sprach

Grauel auf einer Din-A-4-Seite gesammelte Standardtexte ein.

Ein dreiviertel Jahr später folgte für sechs in die enge Wahl gekommenen Frauen und Männer ein so spannendes wie ausgefeiltes Finale: Ein per Zufall ausgesuchtes Publikum aus allen Generationen und mit unterschiedlichem sozialen Hintergrund – darunter Sehbehinderte mit einem naturgemäß besonders geschulten Gehör – wurden in einem Kinosaal mit modernster Surround-Qualität die typische Geräuschkulisse eines Bahnhofs aus Klappern und Quietschen und Hall vorgespielt. Über diese Fläche aus akustischen Ablenkungen sprachen die Finalisten ihre Texte.

Heiko Grauels Durchsagen bekamen den stärksten Zuspruch, weil sie sich besonders verständlich über die Störmanöver hinwegsetzten.

»Natürlich habe ich mich darüber gefreut, zumal die Konkurrenz aus sehr guten und hochgeschätzten Kolleginnen und Kollegen bestand«, sagt er. Einige Zeit später saß er vor dem Mikro und sprach in zwei Wochen rund 14 000 Sätze ein, vier bis fünf Stunden pro Tag. Die große Kunst dabei: Spannung und Duktus konstant halten, das »Suppenkoma nach dem Mittagessen überwinden«, wie er so schön sagt. Und es wird höchste Zeit festzustellen: Heiko Grauel sagt alles schön. Sein Bariton klingt wie die Einladung, sich auf einem gemütlichen Teppich auszubreiten, der dicht geflochten ist aus warmen, weichen Stimmbändern und auf dem man die Zeit ausklinken möchte.

In den Aufnahmen und deren Verarbeitung stecken übrigens zwei Besonderheiten: Zum einen standen die vorgelegten Texte zu 99 Prozent nicht im bahnspezifischen Kontext. »Da habe ich auch Sätze gesagt wie: ›Peter ging in den Wald und sammelte Pilze‹«, berichtet Grauel, »es konnte auch die Nachricht aus einer Zeitung sein oder ein Gedicht.« Das hatte mit der zweiten Besonderheit zu tun: Mit den Aufnahmen fütterte der Sprecher ein Computerprogramm, das die Worte in einzelne Laute und Silben zerlegen und zu Sätzen zusammenfügen kann, die Heiko Grauel nie gesagt hat.

So faszinierend das sein mag, es ist auch verknüpft mit einem Prozess, der die Jobs von Sprechern in absehbarer Zukunft bedrohen wird: »So wie die Künstliche Intelligenz fortschreitet, wird sie unseren Beruf zumindest zu einem Teil obsolet machen«, schätzt Heiko Grauel. Im Bereich der Hörbücher könnte sich die Entwicklung verzögern, »weil die Software das glaubwürdige Spielen von Rollen nicht ganz so schnell hinbekommt«.

Wann auch immer das sein wird, für vermutlich lange Zeit wird Heiko Grauels Stimme an Gleisen und in Hallen Reisende mit Informationen bestücken und Sätze sagen, die ihr Besitzer nie von sich gegeben hat.

Allzu oft fährt Grauel übrigens nicht mit der DB. Er muss selten reisen, denn den übergroßen Anteil seiner Sprecharbeit setzt er im heimischen Studio um. Definitiv nicht vergessen wird er jenen Tag, an dem er doch mal am Hauptbahnhof Frankfurt stand, um nach Köln zu reisen – und sich durch den Lautsprecher den Ausfall des eigenen Zuges ansagte. »Da konnte ich mich einen Moment lang nicht leiden«, sagt der gebürtige Hesse mild lächelnd.

Das Verhältnis zur eigenen Person besserte sich schlagartig, als er sich über die Beschallungsanlage verkünden hörte, dass ein Ersatzzug bereitgestellt wurde. »Ich war pünktlich am Ziel.«

Vor allem, als zu Beginn des Jahres 2020 erstmals die neue Stimme durch die Bahnhofshallen drang, erhielt Heiko Grauel eine Menge Rückmeldungen: »Ich höre Sie täglich und freue mich«, bekam er zu hören oder zu lesen. Ein Spaßvogel, der seine Handynummer recherchiert hatte, schrieb ihm: »Mein Zug kommt viel zu spät, können Sie bitte mal 'ne Pünktlichkeits-Ansage machen?«

Das Feedback, das er noch immer gelegentlich bekommt, freut Heiko Grauel, von einem Promi-Status will er aber nichts wissen. »Es ist eine gewisse Bekanntheit damit verbunden, aber ich fühle mich sehr wohl, ohne große Öffentlichkeit hinter dem Mikro sitzen zu können.«

Trotz seltener eigener Zugfahrten – seit dem Großauftrag fühlt Grauel eine gewisse Verbundenheit zur Deutschen Bahn. »Ein Besuch in den Berliner Räumen der DB hat meine Vorstellungen komplett über den Haufen geworfen«, sagt er. »Statt eines überalterten Personals, das in einer verkrusteten Struktur der Rente entgegendämmert, saßen dort junge, hochmotivierte Leute in einer modernen Arbeits-Atmosphäre. Ich wünsche der Bahn sehr, dass sie den Umbau in die Zukunft schafft.«

Hat Heiko Grauel in seinem Job noch einen unerfüllten Traum oder ist – im buchstäblichen Sinne – alles gesagt? Für die Antwort müssen wir eine Änderung der biografischen Wagenreihung vornehmen: Schon als Bub wollte Heiko Teil der Hörspiel-Produktionen um die Jung-Detektive »Drei Fragezeichen« werden, die noch immer in unveränderter Besetzung ermitteln. An jedem Anfang der Kassetten entdeckte er, bevor die Melodie einsetzt, ein ungenutztes Stück Band. »Mit viel Gebastel habe ich darauf die Nummer und den Folgentitel gesprochen, um Teil der Serie zu sein«, sagt er.

Als ewiger Fan würde Heiko Grauel nach wie vor irrsinnig gern eine Rolle in einem Abenteuer der Jungs von Rocky Beach übernehmen. »Und selbst, wenn es nur zwei, drei Worte wären«, sagt er versonnen.

Oliver Rohrbeck, Jens Wawrczeck und Andreas Fröhlich – jetzt seid Ihr am Zug.

Durchsage

Das ist eine Durchsage für den Herrn mit dem kleinen Jungen, der gerade mit Currywurst und Pommes von dannen gegangen ist. Er möge doch bitte wiederkommen, mit seiner Brieftasche!

Durchsage

Um Ihren Zug um 11.53 Uhr nach Berlin auf Gleis 19 machen Sie sich mal keine Sorgen. Den werden Sie auf jeden Fall erreichen, da sich sowohl das Zugteam als auch die Zugchefin bei uns an Bord befinden.

UMWERFENDES IM BORD-RESTAURANT

Laura freut sich. Noch eine gute Stunde, dann wird sie ihre Freundin Helena in Berlin treffen. In Köln gestartet, verfliegt die Zeit, auch wegen des schreiend komischen Romans, den sich Laura aus Mangel an eigenem Lesematerial vor zwei Tagen aus dem Regal ihres Vaters gefischt hat: Douglas Adams' »Per Anhalter durch die Galaxis« um den Helden Arthur Dent, der haarscharf der Zerstörung des Planeten Erde durch ein außerirdisches Volk namens Vogonen entgeht. Laura ist schon ziemlich weit und komplett begeistert.

Allein dieser Marvin, der liebenswert-nervig-depressive Roboter, bringt sie mehrfach zum Kichern. Und Sätze wie »Einen Augenblick lang passierte gar nichts. Dann, ungefähr nach einer Sekunde oder so, passierte immer noch nichts.«

Im Zug liest Laura weiter, lacht und liest. Die verwunderten Blicke aus der Sitznachbarschaft spürt sie nicht, weil die Umgebung verwischt ist wie ein verregnetes Fenster.

Aber jetzt muss es erstmal ein Kakao sein. Im prallvollen Bordrestaurant erspäht sie einen Platz gegenüber einem Anzugträger und neben einer älteren Dame. Der Typ trägt eine Tube Gel im leicht graumelierten Haar. Etwa vierzigjähriges Standardmodell eines Bankers und sicher auf der Fahrt zu einem Geschäftstermin. Die Frau, lila Strähne im braun gefärbten Lockenkopf, ist umhüllt von einem Blouson, der ein Tigerfell imitiert.

Auf dem freien Sitz gegenüber des Geschäftstypen liegt sein Jackett, als sei es erschöpft. Angesichts der Fülle im Restaurant und eigentlich sowieso eine Frechheit. Als Laura ihn fragt, ob er das Teil wegnehmen könne, guckt er nicht einmal hoch, sondern greift es wortlos und hängt es an den Haken am Fenster. Was für ein Schnösel, denkt Laura.

Bei der freundlichen Kellnerin bestellt der Mann in Schlechte-Laune-Ton einen Wrap, Laura einen Kakao. Sie blickt aus dem Fenster auf die kahlen November-Bäume, die aussehen wie in den Boden gerammte Reisigbesen. Vor ihr tippen die schlanken Finger des Kerls an seinem schwarz behaarten Mittelhandknochen einen geschäftigen Rhythmus in einen superflachen Laptop. Direkt daneben steht ein Glas Wasser.

Nachricht von Helena aus Berlin: »Läuft alles nach Plan trotz Bahn?«

»Wunderbar«, antwortet Laura.

Sie vertieft sich wieder in ihr Buch. Marvin steht gerade unbewaffnet einem Kampfroboter gegenüber und bringt ihn nur durch Worte dazu, sich selbst zu zerstören. Er kommentiert das mit der Bemerkung: »Was für eine deprimierend dämliche Maschine!«

Laura lacht, ihr Gegenüber verzieht keine Miene. Gedankenverloren greift Laura zum Getränk, nimmt ein, zwei, drei Schlucke. Blättert weiter, amüsiert sich durchs schräge Abenteuer. Wieder wandert ihre Hand nach links. Ein langer Schluck.

Laura fährt gerne Bahn, am liebsten sitzt sie im Bordbistro, dessen kulinarisches Angebot sie sehr überzeugt.

Das Gemüsecurry auf der letzten Fahrt rangierte dicht hinter dem ihres Kölner Lieblings-Inders.

Ihr fällt die Bilanz ein, die sie erst gestern in einer Zeitschrift gelesen hat. Jeden Monat werden demnach allein von Köln aus die Züge mit 65 000 Flaschen Bier, 100 000 Baguette-Brötchen und 14 000 Litern Kaffee beliefert. Apropos, hatte sie nicht einen Kakao bestellt? Moment, der war ja noch gar nicht gebracht worden, und trotzdem hat sie gerade … Laura blickt nach vorn, zu ihrem Nachbarn – und erschrickt. Denn der starrt sie an, genervt wie Bert von der Sesamstraße, wenn Ernie wieder Mist verzapft hat.

»Ähm, is' was?«, fragt Laura irritiert. Der Kerl soll sie bloß nicht platt anmachen, denkt sie.

»Ich wollte bloß wissen, wie Ihnen mein Wasser schmeckt«, schnarrt ihr Gegenüber.

Laura versinkt vor Scham so tief im Sitz, dass sie es knirschen hört und das Gleisbett unter sich zu berühren meint.

Trotz dreier Varianten von Entschuldigungen ist der Schnösel nicht einmal bereit, ein versöhnliches Lächeln aufzusetzen. Das Angebot, ein neues Wasser zu bekommen, schlägt er aus. Es reiche ihm, dass der Wrap noch nicht da wäre. Mit der Bemerkung, außerdem wolle er nicht eingeladen werden, kehrt er an seine Tastatur zurück.

Unangenehme Stille. Der Kakao kommt. Der Wrap nicht. Laura ist noch nicht so weit, aufs Raumschiff und zu Arthur Dent zurückzukehren, zumal gerade rechts von ihr jemand eine Handlung vollzieht, die beim Zugfahren auf dem Index steht: Die ältere Dame neben ihr fummelt ein Ei heraus und pellt die Schale ab, deren Bruchstücke sie in die Dose streuselt. Zeitgleich mit dem kurzen Salzregen auf den Ei-Gipfel breitet sich ein Stinkbomben-Geruch in der Bistrolandschaft aus. Ei essen im Zug, das ist eine olfaktorische Straftat. Ei im Zug, das ist eine Attacke auf zwischenmenschliche Konventionen. Zu toppen ist das nur noch von Menschen, die aufstoßen – nach dem Verzehr eines McRib.

Angewidert zoomt Laura auf das ovale Missvergnügen. Das erste Ablöffeln hat bereits das Eigelb freigelegt, dessen Rand bläulich schimmert, als Beweis, dass das Hühnerprodukt lange genug gekocht wurde.

Auch der Schnösel hat Witterung aufgenommen und zieht die Nase in Falten. »Scheiße, dass man hier kein Fenster öffnen kann«, brummt er. Als unmittelbar darauf der Halt Berlin-Spandau durchgesagt wird, winkt er der vorbeilaufenden Bedienung zu. »Zahlen!«, ruft er barsch und packt seinen Laptop weg. Man sollte diesen Widerling aus seinem dunkelblauen Manageranzug hauen, denkt sich Laura.

Die Bistro-Mitarbeiterin hält an und lächelt trotz des rüden Tons.

»Sie hatten ein Wasser und einen Wrap?«

»Nein«, brummt Schnösel, »ich hatte ein Wasser, das aber die Frau neben mir ausgetrunken hat. Und den Wrap hatte ich nicht, weil Sie ihn vergessen haben. Aber jetzt muss ich aussteigen.«

»Oh, Verzeihung, das tut mir echt leid. Naja, Sie sehen ja«, sagt die Kellnerin und zeigt ins volle Abteil. »Okay, dann geht das Wasser auf uns.«

»Na, super«, sagt Schnösel. »Da hab ich ja richtig Glück gehabt!«

Laura denkt an einen ihrer Lieblingsdialoge aus Douglas Adams' Buch.

Trilian zu Zaphod: »Könntest du deinen Egotrip mal unterbrechen, es ist was Wichtiges passiert.«

Zaphod: »Wenn es irgendwas Wichtigeres als mein Ego gibt, verlange ich, dass man es sofort verhaftet und erschießt.«

In diesem Moment passiert es. Mit einem mächtigen Ruck geht der Zug in die Eisen. Kreischen von Schienen wie Menschen. Lauras Kakao rutscht Schnösel entgegen, kippt um und ergießt sich auf dessen Anzug, garniert vom Rest-Ei der Tiger-Dame.

Entgeistert blickt er an sich herunter. »Das darf doch nicht wahr sein, so eine verdammte Scheiße, ich hab gleich 'nen Geschäftstermin!«, brüllt er und schießt Blickpfeile auf Laura und die Nachbarin.

Die sehen sich an und sind schwer damit beschäftigt, die Fassung zu bewahren. Rettung kommt von der Durchsage des Lokführers: »Verehrte Fahrgäste, wir bitten den Schrecken zu entschuldigen. Die Vollbremsung war nötig, weil jemand in Spandau ein Gepäckstück auf die Gleise geschmissen hat.« Ein »Huch!« geht durchs Bistro.

Fluchend schnappt sich Schnösel Tasche und Jackett und verschwindet Richtung WC.

Die Tiger-Frau und Laura schauen sich nochmal an und lachen endlich. Dann fingert die Dame ein Taschentuch aus der gestreiften Jacke, spuckt hinein, wienert die Tischplatte und greift noch einmal in die Tupperdose: Wie gut, dass sie ein zweites Ei dabei hat!

KELLNER AN BORD: BÜHNE FREI FÜR HARTMUTH

Der Fahrgast gerät aus dem Häuschen, als sich der Tross aus Anzugträgern dem Zug nähert.

»Schauen Sie mal, da steigen ganz wichtige Leute in die erste Klasse!«, sagt er zu Hartmuth, dem Bordrestaurant-Mitarbeiter, der am Gleis damit beschäftigt ist, die angelieferte Ware zu sichten.

Der blickt kurz auf und dann wieder auf die Kartons. »Das soll schon mal vorkommen«, murmelt er trocken.

»Ja-jaaaa, aber haben Sie auch gesehen, wer da einsteigt?«, fragt der Fahrgast, dessen Gesicht leuchtet wie ein Feuermelder. »Das ist Hubertus Heil!«

Hartmuth zuckt die Schultern. »Ach.«

»Mensch, der Arbeitsminister!!«

Dann schaut Hartmuth D. noch einmal hoch und sagt: »Ich suche keine Arbeit. Aber gehen Sie gern zu ihm hin, ich muss jetzt hier meinen Job machen.«

Minister Heil, gerade den Fuß auf der ersten Treppenstufe, hat den Dialog mitbekommen. Er sieht den DB-Angestellten an, nickt freundlich und schmunzelt.

Eine Situation im Jahr 2021, die viel erzählt. Über Menschen, die beim Anblick von Prominenz Schnappatmung kriegen und am liebsten die Luft, die sie sich mit den Berühmtheiten teilen, einfangen und bei Ebay versteigern würden. Und über Hartmuth, der eine bodenständige Sicht aufs Ganze hat. Ob ein Hubertus Heil, eine Helene Fischer oder ein Döner-Verkäufer, ob Wandler auf roten Teppichen oder auf kaputten Straßen – alle sind auf diese Welt gekommen, um sie wieder zu verlassen, und sie alle haben Verdauung. »Da muss ich doch nicht demütig in den Staub sinken.«

Für den gebürtigen Leipziger, ausgestattet mit Witz und entwaffnender Direktheit, ist Status keine Währung. Respekt und Aufmerksamkeit schon. Und das vermittelt er auch in seinem Job bei der Bahn. Er kann sein Herz öffnen, bis sich die Kammern dehnen, und er kann mit einem knackigen Kommentar Reisende zum Nachdenken oder Lachen bringen. Beispiele folgen.

Spulen wir ein Stück zurück in seine Jugend. Nach der Schule benötigte Hartmuth eine Woche, um festzustellen, dass der Beruf des Krankenpflegers nichts für ihn war. Er schmiss hin und orientierte sich neu. Im berühmten Astoria, der seit 1996 geschlossenen Leipziger Hotellegende, machte er eine Ausbildung zum Kellner, wurde später Oberkellner. Hier bediente er ab 1976 Staatsgäste, Parteibonzen sowie Besucherinnen und Besucher aus dem nichtsozialistischen Ausland, die zur Frühjahrs- und Herbstmesse anreisten.

Schon im Hotel Astoria kam seine locker-direkte Art an. Als er einmal einem Westdeutschen eine Flasche Champagner aufs Zimmer brachte, lud der ihn ein, mit ihm »Vier gewinnt« zu zocken, das in den frühen Achtziger neu erschienene Strategiespiel. Mit der Bemerkung, er habe erstmal zu tun, meldete sich der Kellner an der Rezeption ab. »Wir haben gespielt und zu zweit die Flasche geleert, während auf dem Bett nebenan immer mal die Decke raschelte.« Hartmuth wusste: Es war eine Frau. Und es war nicht die Gattin des Gastes. »Aber das ging mich ja nichts an.«

Nachdem 1989 der Sozialismus made in GDR gegen den Freiheitswillen der Bevölkerung verloren hatte, vollzog auch Hartmuth einen Umbruch. Er wollte raus aus dem Hotel-Gigantismus. Vier Jahre arbeitete er in der Gartenkneipe »Grüne Aue« im Stadtteil Lützschena. Das machte zwar Spaß, »aber man hatte kaum einen freien Tag und wenig Urlaub, auf lange Sicht ging das nicht.«

Sein Schwager riet ihm, sich bei der Mitropa zu bewerben, die händeringend nach Personal fahndete. 1995 fing er dort im damaligen Schlaf- und Speisewagenbetrieb an. Nicht selten schob er achtzehn Stunden Dienst am Stück, vier Tage in Folge, übernachtete in Hotels. »Es gab gutes Trinkgeld, aber das durchgängige Arbeiten und Vagabundieren hat geschlaucht.«

Seit einigen Jahren sind die Einsatzzeiten anders geregelt. Der Leipziger versorgt seine Fahrgäste kreuz und quer durchs Land, das an den Fenstern vorbeifliegt. Es geht nach Hamburg, Basel, München, Binz, manchmal ins Ruhrgebiet.

Kellnern auf Rädern, Servieren zum Sound der Schienen, das ist nicht nur ein Trip von A nach B. Das ist eine Reise durch Stimmungen im Zug, durch Gästegesichter, die manchmal viel preisgeben durch das, was sie sagen und das, was sie verschweigen. Hartmuth hat einen sicheren Blick dafür und stets die passende Entgegnung.

Grundhaltung dabei: Niemand ist schlechter oder besser als jemand Anderes, höchstens sein Benehmen. Griesgrämigen Kunden, die ihn beispielsweise an einem Freitagabend blöd anpflaumen, kontert Hartmuth schon mal frech mit einem Satz wie: »Ich kann auch nichts dafür, dass Sie heute zu Ihrer Frau zurückmüssen!« Erstaunlicherweise, so merkt der DB-Mann zwinkernd an, hat bislang noch keiner der Zurechtgewiesenen widersprochen.

Vom Februar 2016 stammt die Mail einer Reisenden, die auf der Fahrt von Fulda nach Münche den Kundendialog der DB kontaktierte – mit »großem Lob und Dankeschön! Ich saß mit meinen zwei kleinen Jungen (3 und 4) im Speisewagen, und Herr D. bediente uns mit einer Freundlichkeit und Aufmerksamkeit, wie ich es noch nie erlebt habe, vor allem den Kindern gegenüber! Das war das Highlight unserer Zugfahrt.«

Nanu, Herr D., was haben Sie denn da vollbracht? Der Gefragte schmunzelt. »Das war eine so nette Familie, und die zwei Jungs waren einfach zum Knuddeln. Deswegen habe ich mit denen ein paar Boote und Schiffe aus Papier gefaltet.« Typisch für den Leipziger mit Herz und Schnauze war auch seine Antwort auf die Frage der begeisterten jungen Mutter, ob er denn keinen Ärger bekomme, wenn er hier bastle, während die anderen Gäste im vollen Restaurant auf ihn warteten? Hartmuth hat auf seine ganz spezielle Art geantwortet. »Kennen Sie diese böse Szene in ›Otto – der Film‹? Beim Besuch in einem Altersheim fragt der Komiker ›Seid ihr alle da?‹ und ruft nach dem ›Ja!‹ feixend: ›Aber nicht mehr lange!‹ Ich will Ihnen mal was sagen: Wir Alten sind bald weg, aber diese Kinder sind die Zukunft, und um die muss man sich kümmern!« Der Mutter klappte die Kinnlade runter, von den Umsitzenden wagte niemand zu meckern.

Kein Zweifel, dieser Mann mit dem kernigen sächsischen Dialekt ist als Gastgeber ungewöhnlich. Vielleicht auch ein kleines bisschen verrückt. Manchmal macht dieser Herr D. einen Jux auf geradezu sozialwissenschaftlicher Basis. Kein Fahrgast dürfte jenen Tag vor einigen Jahren vergessen haben, an dem der Restaurant-Mitarbeiter missmutig das Daddeln an den Handys seiner Bewirteten beobachtete. Weil niemand mit keinem redete, baute er sich im Gang auf und verkündete: »Meine Damen und Herren, jetzt ist es so weit: Sie haben die Piktogramme in unserem Abteil nicht beachtet, und nun haben wir den Salat. Ihre Handys haben so viel gefährlichen Elektrosmog abgesetzt, dass gleich die Schutzanzüge verteilt werden. Bis dahin muss ich Sie dringend auffordern, ihre Mobiltelefone auszuschalten.« Verdattert bis ungläubig schauten die Gäste ihn an, zögerten, fuhren aber dann die Geräte runter. »Danke«, rief Hartmuth, »Sie können sich ja so lange unterhalten.« Nach dem Satz dämmerte es den Ersten, dass sich der Mann da vorn einen Scherz erlaubt hatte. Doch sie spielten mit. Die sich gegenüber Sitzenden begannen Gespräche und bestellten noch eine Runde. Als kurze Zeit später eine Frau aussteigen musste, sagte sie beim Bezahlen zum Kellner: »Das war ziemlich schräg von Ihnen. Aber ich habe dadurch gerade einen netten Mann kennengelernt. Wenn das was wird, geht das auf Ihre Kappe.«

Wie die Sache ausging, hat Hartmuth nie erfahren, aber seinen Coup trotzdem genossen. »An den besten Tagen ist das Restaurant eine Bühne«, sagt er mit feinem Lächeln. »Wenn ich spüre, dass das Publikum stimmt, probiere ich gern was aus.«

Natürlich gibt es genug Einsätze, bei denen der Stress keine Sperenzchen zulässt. Prinzipiell sind die Arbeitstage streng durchgetaktet: Man meldet sich zum Dienst, zieht sich um, bespricht sich mit dem Restaurantleiter. Und schon beim Besteigen des Zuges kann es hektisch werden, wenn das Personal zeitgleich mit den Fahrgästen einsteigen muss und abgedrängt wird, um zwei Minuten später eine Kaffeebestellung zu bekommen. Dabei müssen erstmal die Waren an Bord geladen, ausgepackt und eingeräumt und die Geräte hochgefahren werden.

Weil Zeit nun mal Geld und der Anspruch von Reisenden parallel mit dem Druck gewachsen ist, geht's um Effizienz. Wurden in der Mitropa-Ära in den rollenden DB-Küchen noch Steaks gebraten oder Spargel sowie Kartoffeln im Dampfbad gekocht, dauert das jetzt zu lange. Mittlerweile kommen die Gerichte vorgefertigt an, die Wiederaufbereitungsanlage heißt Mikrowelle.

Allerdings stammten auch schon früher die allermeisten Hauptmahlzeiten als Fertiggerichte aus Tüten, damals mit Schwerpunkt auf gutbürgerlicher Küche und Hausmannskost, heute mit internationaler und teils veganer Ausrichtung: Chili con Carne, Gemüsecurry, Linseneintopf und Co., meist in Bio-Qualität. Ein Klassiker hat jede Speisenkarten-Mode überlebt: Wurst gibt's immer noch auf den Teller, gern mit Pommes.

An manchen Tagen läuft für das Restaurant-Team der Betrieb wie ein warmes Messer durch die Butter, an anderen muss man als Bahn-Angestellter sehr stark sein. Wenn wegen Verspätungen, kaputter Klimaanlage, veränderter Wagenreihung, Personalausfall oder fehlender Ware fürs Restaurant die Zündschnur bei vielen kurz ist, zählt ganz besonders die

Tonart, die die Musik macht. »Dann verdeutliche ich den Fahrgästen, dass wir uns zwar gegenseitig anbläken können, davon aber die Situation nicht besser wird.«

Auf seinen zigtausend Kilometern hat Hartmuth so viel erlebt, dass es aufgeschrieben die Ausmaße eines John-Irving-Buchs hätte, der bekanntlich nichts unter tausend Seiten verfasst hat. Auch in Sachen Skurrilität könnte er es mit dem aufnehmen, was sich der Schriftsteller zurechtfantasiert hat. Da war beispielsweise der Typ, der ein Herrengedeck orderte und sein Jackett aufknöpfte, unter dem gut sichtbar ein Halfter mit einer Pistole zum Vorschein kam. Die großen Pupillen in angstvoll aufgerissenen Augen der Umsitzenden rollten umher wie Flipperkugeln, ein Raunen schlich durchs Restaurant. Ein potenzieller Amokläufer? Ein Zivilpolizist? Oder bloß ein Abgeordneter von »Verstehen Sie Spaß«?

Hartmuth hatte keine guten Bilder vor Augen, ging aber beherzt auf den Typen zu: »Schauen Sie mal, die Leute schlottern schon«, sagte er gut vernehmlich. »Ich schlage vor, Sie machen das Jackett wieder zu oder Sie schnallen das Ding ab.«

Der Angesprochene erwiderte keinen Ton, entschied sich aber für Variante eins.

Schon öfter bewirtet hat der Hochgelobte auch Grünen-Politikerin Renate Künast. »Die kennt meine Gags schon, wir haben immer Spaß miteinander.« Wie ging denn der Arbeitsminister Hubertus Heil mit Hartmuths Art um?

„Wir haben ein sehr nettes Gespräch gehabt. Am Schluss kam er nochmal rum und hat sich per Handschlag bei mir bedankt.«

Was er gesagt hat?

»Vielen Dank für alles. Wenn ich solch ein Personal wie Sie hätte, wäre alles in Ordnung!«

Natürlich war es der Mann vom Bordrestaurant, der das letzte Wort hatte.

»Wissen Sie, Herr Heil«, sagte er mit freundlichem Lächeln, »daran muss man hart arbeiten. Aber genau dafür sind Sie ja Minister.«

Hartmuth D., was für ein Original! Ein stolzer, witziger, schlagfertiger Leipziger, mit dem man gerne reist. Aber passen Sie auf, dass Sie nicht zu oft aufs Handy gucken!

Durchsage

Wenn Sie einen jungen, gutaussehenden Mann durch den Gang laufen sehen, lassen Sie ihn bitte durch. Das ist unser Lokführer. Ein bisschen Anfeuern wäre auch nicht schlecht, damit es bald weitergehen kann.

SOZIALDARWINISTISCHE HINHALTETAKTIK

»An seltsamen Tagen über Flüsse in die Städte und Dörfer bis ans Ende der Welt«. Was für ein Titel, was für eine Ausstellung! Sarah und Lena waren schwer begeistert von den Bildserien, die die Kunsthalle Erfurt 2024 zeigte. Ute Mahlers und Werner Mahlers Fotografien von Menschen und Ortschaften, scheinbar vergessene Bahnschienen, die in einen dunklen Wald führen, jugendliche Liebespaare, verlassene Gebäude, beeindruckende Porträts von Frauen als »Monalisen der Vorstädte«. Gekrönt wurde das Ganze vom Projekt »Ein Dorf« von Ute Mahlers Vater Ludwig Schirmer: Sage und schreibe über einen Zeitraum von siebzig Jahren hat er das Leben im thüringischen Berka dokumentiert.

Genau das Richtige für Sarah und Lena, beide Kunststudentinnen und hingerissen von den Abbildungen des Alltags in Schwarzweiß, vom berührend Unspektakulären, das sich durch die Jahrzehnte melancholisiert. »An seltsamen Tagen über Flüsse in die Städte und Dörfer bis ans Ende der Welt«: Absolut lohnend, zumal die Reise mit der Bahn aus Leipzig ein Klacks ist. Während die 160 Kilometer mit dem Auto selten weniger als zwei Stunden dauern, braucht der ICE läppische vierzig Minuten. Kaum ist man eingestiegen, darf man schon wieder raus, weil der Zug teilweise mit Tempo 230 durch die Landschaft flutscht. Meistens.

Davon ist auch die in Bahnreisen unerfahrene Lena beeindruckt. Obwohl sie zuvor sehr, sehr skeptisch war. Man hört ja so allerhand. Aber nee: Toll, denkt sie, einfach toll – mit Blick auf die reibungslose Hinfahrt an diesem fast schon erschreckend warmen Frühlings-Nachmittag. Bekanntlich soll man weder den Tag vor dem Abend noch die Bahn vor der Rückfahrt loben. Aber hey, was soll in vierzig Minuten schon groß passieren?

Sarah ist eine absolut überzeugte Bahnfahrerin. »Du setzt dich rein, kannst loslassen. Beim Autofahren hast du hundert Prozent Verantwortung, im Zug kannst du sie abgeben und lesen, aus dem Fenster gucken, dich unterhalten oder im Restaurant lecker essen.« Sarah liebt alle Angebote beim DB-Reisen, stöbert durchs Bordprogramm oder checkt ihre Bonus-App, um zu überlegen, wofür sie die gesammelten Punkte ausgibt.

Macht sie auch jetzt wieder. 1000 Punkte zeigt das Konto an. Eine Freifahrt oder die schicke Umhängetasche? Oder eine Spende an die Bahnhofsmission?

Dann stutzt Sarah. Mit gekräuselter Nase wittert sie buchstäblich, dass der Weg zurück nach Leipzig eine Besonderheit verspricht.

Sarah: »Riechst du das auch?«

Lena: »Nee, was denn?«

Sarah: »Hier stinkt's, als wäre Plastik angeschmort.«

Lena: »Nö.«

Sarah: »Komisch.«

Ein paar Minütchen später riecht es Lena auch. »Komisch.«

Augenblicke später wird der Zug langsamer und langsamer, bis er anhält. Es handle sich um einen kleinen Defekt, so die Durchsage, »die Fahrt wird gleich weitergehen«.

Sarahs Nase und ihr untrüglicher Instinkt sagen etwas Anderes. Dazu muss man wissen: Die Studentin ist nicht nur DB-erfahren, sondern auch unglaublich neugierig im wörtlichen Sinn. Gier auf Neues, Bereitschaft zum Abenteuer, ready to rock! Zu ihrer mentalen Grundausstattung gehört außerdem die Fähigkeit, Bahnreisen mit unvorhergesehenen Verläufen immer etwas Gewinnbringendes abzuringen, was auch passiert.

Passieren tut hier aber vorerst nix. Außer dass die Klimaanlage einen letzten Seufzer und dann Feierabend macht. Draußen ist es dunkel, kein Licht nirgends, kein Gebäude, keine Straße. Wie Sarah per GPS erfährt, steht der Zug exakt im Nirgendwo, also dort, wo wahrscheinlich noch nie in der Geschichte der Reichs- oder Deutschen Bahn jemals ein Lokführer anzuhalten gewagt hat, weil hier nicht mal so etwas wie Gegend existiert.

Die Insassen schmoren, die Kabel auch. Lena macht das unruhig. Sarah tätschelt ihre Hand und sagt: »Mach dir keine Gedanken, das passiert schon mal.« Insgeheim malt sie sich aber aus, ob das Schicksal etwas bislang Unerlebtes für sie bereit halten könnte.

»Eine Evakuierung!«, entfährt es ihr, und die an der fast leeren Wasserflasche nippende Lena verschluckt sich.

»Waaaas?«, ruft sie, und Umsitzende drehen die Köpfe.

»Nichts, nichts«, sagt Sarah schnell, »ich habe bloß gedacht, eine Evakuierung, die fehlt mir noch auf der Liste.«

»Um Gottes will...!«, ruft Lena, wird aber von einer neuen Durchsage unterbrochen. Es werde jetzt doch ein bisschen dauern, ein Techniker müsse sich die Sache ansehen.

Wie hieß die tolle Ausstellung doch gleich? »An seltsamen Tagen bis ans Ende der Welt« oder so ähnlich? Der Zug hier wäre gerade ein perfektes neues Motiv. Stillleben jenseits von Verortung. Ein Schwarzweiß-Bild im Nichts.

Weil es an diesem seltsam warmen Abend in den Abteilen mangels Lüftung stickig wird, spendiert die Bahn im Bordrestaurant kostenloses Wasser, solange der Vorrat reicht. Sarah handelt und bringt Lena zur Entspannung ein Fläschchen Weißwein mit. Auf dem Weg beobachtet sie interessiert, wie sich Handwerker an der Elektrik unter der Deckenverkleidung des Abteils abmühen und der Kabelgeruch intensiver wird. Hat sie's doch geahnt ...

Zurück am Platz bricht Sarah für ihre Begleitung und sich ihr Standard-Versorgungspaket an, das sie – auch hier spielt die Erfahrung eine Rolle – bei jedem Schienentrip dabei hat: Nüsse und Schokolade.

Während sich um die beiden Frauen herum die Geduld allmählich hörbar aufbraucht, ist Lena am Ende der Weinflasche deutlich aufgelockert. Deshalb kommt sie prima damit klar, als die Zugbegleiterin kleinlaut verkündet: »Liebe Fahrgäste, es hat sich nun leider herausgestellt, dass unser Zug nicht weiterfahren kann.«

»Evakuierung, yesss!!«, ruft Sarah und kanalisiert ihre Begeisterung, indem sie am rechten Unterarm Lenas rüttelt. Viele umgedrehte Köpfe, ein kollektives »Psssst!!!«

»Deshalb«, so die Zugbegleiterin fortsetzend, »werden wir in etwa einer halben Stunde evakuiert.« Es folgen Informationen, dass ein ICE auf dem Nachbargleis halten und alle Reisenden aufnehmen werde. Es bestehe kein Grund zur Beunruhigung.

Den sieht Sarah eh nicht. Und die übrigen Anwesenden wirken inzwischen viel zu müde, um sich aufzuregen. Bis auf einen. Aus dem Nachbarwagen tönen plötzlich Schreie und Flüche, offenbar donnern Fäuste auf eine Tischplatte, man hört ein eindringliches »Hey, heyyyyy, hören Sie auf damit!«

»Wir sind alle verdammt!«, brüllt eine krächzende männliche Stimme. »Das ist kein Zufall, das ist eine sozialdarwinistische Hinhaltetaktik!«

Was genau er sagen will, erschließt sich auch in den folgenden Minuten nicht. Aber es bleibt laut. Der Typ warnt noch vor »konsumistisch motiviertem Existenzkampf«, dann schnarrt die Ansage der Zugbegleitung: »Mangels Personal im Zug: Gibt es jemanden von der Polizei oder der Bundeswehr, der sich um einen Tobsüchtigen in Wagen Nummer sieben kümmern kann?«

Nur drei Minuten später führt ein Zwei-Meter-Hüne in olivgrüner Uniform einen zeternden Mittdreißiger am Schlafittchen vorbei. Der Randalierer trägt Karohemd und zerrissne Jeans, wie Udo Jürgens sie in San Francisco angehabt hätte, wäre sein Zigaretten holendes Alter Ego jemals dort gewesen. »Das Auseinanderdriften der Arm-Reich-Schere ist eine Folge der Demokratie-Hybris!«, ruft der Aggressor.

»Halt einfach die Fresse und geh geradeaus!«, donnert sein Aufpasser.

»Die Transformationsgesellschaften wird es niemals geben!«

»Schnauze!«

Wie Lena wenig später nach dem Gang zum Örtchen berichtet, hat der Bundeswehr-Schrank den potenziellen Gefährder in einem leeren Sechser-Abteil separiert und sich im Flur davor einen Wachposten eingerichtet.

Kurz darauf hält auf dem Nachbargleis ein ICE. Die Rettung ist da, die Reisenden können sich voll auf die Evakuierung konzentrieren. Und die beginnt am anderen Ende des Zuges, sodass die beiden Studentinnen aus Leipzig erst am Schluss dran sind. Ganz nach Sarahs Geschmack. »So lässt sich noch mehr Spannung aufbauen«, sagt sie in freudiger Erwartung.

»Müssen wir danach applaudieren wie nach einer Flugzeuglandung?«, fragt Lena.

»Wahrscheinlich nicht«, sagt Sarah. »Aber mal sehen. Das ist ja auch meine erste Evakuierung.«

Eine halbe Stunde später ist es so weit. Es abenteuert gewaltig. Mitten in tiefster Streckenwildnis verbindet eine Art Steg die sich gegenüberliegenden geöffneten Türen der Züge. Links und rechts steht DB-Personal, um das Fehlen eines Geländers auszugleichen und Stürze zu vermeiden.

Jede und jeder, der die bedrohliche, etwa 40 Zentimeter tiefe Schlucht, in der das Gleisbett lauert, gemeistert hat, klatscht auf der erreichten Seite den dort wartenden Zugbegleiter ab. Auch Lena, auch Sarah. Eine seltsame Euphorie ergreift beide.

»Irgendwie cool, oder?«, fragt Sarah.

Lena nickt eifrig. »Absolut! Es gibt ordentlich was zu erzählen zu Hause!«

Wenig später wird der schräge Zerrissne-Jeansträger herübergeführt. »Der Imperialismus hat ausgedient!«, bläkt er. »Ihr werdet schon sehen, sie kommen uns holen, sie holen uns!«

Sarah blickt den Mann amüsiert an. »Das haben sie ja soeben gemacht. War doch gar nicht so schlimm, oder?«

Der Kerl reißt die Augen auf, die Äpfel kreisen wie zwei verirrte Planeten.

»Aber die Richtung, in welche verdammte Richtung fahren wir?«

»Nach Hause«, antwortet Sarah gelassen.

Mit drei Stunden Verzögerung, so gegen 23 Uhr, kommt der Zug in Leipzig an. Herzliche Verabschiedung. Sarah braucht erstmal einen Absacker. In ihrer Stammkneipe trifft sie sich mit ihrem Mann und berichtet. Kurz von der schönen Ausstellung. Und dann von einer Reise an einem seltsamen Tag über Flüsse in die Städte und Dörfer bis ans Ende der Welt.

Durchsage

Wir müssen noch etwas warten. Der Bahnhof in Basel scheint nicht auf einen pünktlichen deutschen Zug vorbereitet zu sein.

Laut ist schlimmer als Leberwurst

Das Abteil ist erstaunlich leer, der Geräuschpegel niedrig. Angenehmes Grundrauschen über Schienen. Gedankenverlorene Blicke durch mild getönte Fenster. Fährt der Zug an den Feldern vorbei oder umgekehrt? Von weiter hinten weht Kaffeeduft.

Nett hier. Sehr ruhig auch. Kein Gelaber nirgends, keine bronchialen Auswürfe, kein Brottütenknistern. Fast ist das Umblättern meiner Nachbarin durchs Abteil zu hören. Lediglich einen Nachteil hat die Stille: Wenn sie zu Ende ist, tut es besonders weh. Wie von Starkstrom durchpulst schreckt das komplette Abteil hoch, als ein Klingelton die Idylle zerreißt: das auf volle Hütte gestellte Handy aus einem Zweiersitz ganz vorn. Dieses ideenlose Nokia-Tüdelü.

Der Typ – vom Gang aus sieht man nur seine Hand, die aus einem Rautenpullover ragt – nimmt das Gespräch an. Die unverschämte Lautstärke seines »Jaaa?« macht nur fünfzig Prozent des Problems der folgenden Minuten aus. Genauso übel: Der Mann kommuniziert über Handy-Lautsprecher. Warum auch immer.

»Hi Rainer!«, scheppert der Anrufer aus dem Mobilgerät. »Wie ist die Lage?«

Ich scanne die Gesichter der wenigen Passagiere um mich herum. Ich sehe schräg gelegte Köpfe, ungläubige Blicke.

Der Typ namens Rainer hält das Handy vor sich wie ein Stück Pizza, ohne reinzubeißen. Er unterdrückt ein Bäuerchen, bevor er antwortet. »Lage ist eine Stadt in Nordrhein-Westfalen, gehört zum Kreis Lippe. Har-har-har-har-har!«

Donnerwetter, denke ich, wir teilen uns die Zugluft mit einem unentdeckten Comedy-Talent.

»Sag mal, hast du heute 'nen Kasper gefrühstückt oder was?«, rauscht es durch den Lautsprecher.

Der Angerufene gluckst. »Komm, Pit, der war nich' schlecht.«

»Doch, war er«, brummelt ein Mitreisender mit ausgeprägten Koteletten und grobkariertem Jackett, Typ Plattenmanager aus den späten Siebzigern.

Ort der Gratis-Aufführung: ICE 72 von Basel Richtung Berlin, Rückfahrt nach einem Besuch in Zürich. Neben der Begeisterung über die Schönheit von Stadt, Land, Fluss gab es auf der Hinfahrt noch ein besonderes Erlebnis: Damit der Schweizer Schienenverkehr nicht in den alemannischen Abgrund täglicher Verspätungen mitgerissen wird, werden deutsche ICEs mit mehr als fünfzehn Minuten Verzug in Basel gestoppt und ein Ersatzverkehr eingerichtet. Das machen sie richtig, die Eid- und Gleisgenossen.

Ein weiterer Witz von Rainer ruft mich zurück in den aktuell pünktlichen Zug.

»Wusstest du eigentlich, dass schon Dschingis Khan im elften Jahrhundert mit der Bahn gefahren ist?«, fragt er.

»Hä, was soll das denn jetzt? Nee, wusste ich nicht.«

»Mensch, dit beweist doch die gleichnamige Band. Die hat gesungen: ›Und er leert den Krug in einem Zug‹!«

Witzbold Rainer quietscht vor Lachen über seinen Joke, man hört Pit »Och neeee!« rufen, und der jungen Frau rechts vor mir entfährt ein unwilliges Stöhnen. Wobei ich zugeben muss: So schlecht war er nun auch nicht!

Unabhängig von der Qualität erleben wir gerade eine klassische Situation bei Reisen mit der Bahn: Menschen, die ein Abteil mit einem schamlos lauten Telefonat füllen und zum Mithören zwingen. Die Ursachen dafür können höchst unterschiedlich sein. Ignoranz, Geltungsbedürfnis, Dummheit oder sadistische Züge. Nach meiner küchenpsychologischen Einschätzung von Rainers bisherigen Äußerungen traue ich ihm sämtliche Motive zu.

»Jetzt lass mal diesen Scheiß«, scheppert Pit jetzt. »Wo biste überhaupt?«

»Is ja jut, ick bin uffm Rückweg nach Berlin«, bläkt Rainer, »hab doch mein Auto verkooft in Freiburg.«

»Soso, und was haste jetzt für 'ne Karre?«

»Nen Benz W126, Baujahr 87. Guckste, wa?« Stolz klingt aus Rainers Stimme. Ein Ätschibätschi-Stolz nach Art eines Sechsjährigen, der vor seinem jüngeren Bruder angibt, jetzt ohne Stützräder Fahrrad fahren zu können.

Meine Nachbarin schnauft verächtlich: »Klimakiller!«

Ungeniert spricht Rainer weiterhin in gehobener Lautstärke.

»Et jibt da bloß noch een Problem. Ick muss den heute noch anmelden, weil ick morgen früh mit Babsi in Urlaub fahre, soll 'ne Überraschung sein, wa? Mein Zug darf keene Verspätung haben.«

Kurzes Zögern vom Lautsprecher. »Ähm, interessant, weiß Michaela davon?«

Jetzt droht das öffentliche Austragen von Privatem gleichzeitig peinlich und faszinierend zu werden. Man schämt sich für die aufkommende Neugier. Denn ob wir wollen oder nicht, das ungefragte Einbeziehen in erfolgreiche Geschäftsabschlüsse, Beziehungszoff, Verdauungsprobleme, Sex-Abenteuer oder den missratenen Urlaub auf Ibiza geht einem auf den Kranz, liefert jedoch Gesprächsstoff für Jahre.

Hilfreiche Psychohygiene nach solchen Belästigungen ist dann ebenso öffentlich auf Portalen und in Netzwerken nachzulesen. Auf Reddit beispielsweise summieren sich unter der Umfrage »Wer sind die nervigsten Mitfahrer im Zug?« pointierte Aussagen.

»Von meiner Sitznachbarin weiß ich jetzt, dass Julian nicht ihr Typ ist und sie aber extra neue Kleidung gekauft hatte, in der Hoffnung, dass doch was laufen würde«, schreibt Jana Böhmerfrau.

General-Abrechner informiert: »Bei mir im RE sitzen gerade drei Teenies, die mit Gangster-Deutschrap aus ihrem Handy den Zug beschallen. Gleichzeitig lässt sich hinter mir eine ältere Frau von Siri das Wetter vorlesen.«

Den User Elektrovoice nerven »Boomer, die nicht wissen, wie sie ihre Tastentöne ausschalten«, und Metal-Franzi treibt das Geräusch von »French Nails auf Touchscreens« in den Wahnsinn.

Unser Rainer jedenfalls gerät gerade etwas in die Bredouille.

»Und überhaupt«, hören wir Pit, »du machst Urlaub, hab ich das richtig gehört? Du wolltest mir am Wochenende beim Umzug helfen, Alter!«

»Wat? Nee … dit war doch nächstes Wochenende.«

»Quatsch! Das erzähl ich dir seit vier Wochen, du Arsch, ich hab mich fest auf dich verlassen!«

»Ach komm, helfen doch genug andere! Ick spendier danach ’nen Kasten Bier.«

»Den kannste dir in die Haare kippen! Holger hat Grippe und Pille Kreuzbandriss! Schönen Dank auch!«

In diesem Moment zischt die Schiebetür. »Schönen guten Tag, die Zugtickets bitte«, ruft der Zugbegleiter.

»Ey komm«, ruft Rainer, »kannste deinen Umzug nicht verschieben?«

Der Zugbegleiter steht vor dem Telefonierenden, runzelt die Stirn und sieht den Fahrgast demonstrativ an.

»Klein’ Augenblick, Pit«, zischelt Rainer.

»Du bist echt ’n Arsch«, hören es alle aus dem Handy fauchen. »Ich wünsch dir ’ne Stunde Verspätung, mindestens!« Dann knackt es, das Gespräch ist zu Ende.

Man sieht Rainers Hand, wie sie das ausgedruckte Ticket entgegenstreckt, mit dem Kommentar: »Also, manche stellen sich aber auch an.«

»Ich sag es mal so«, erwidert der Zugbegleiter mit schadenfrohem Lächeln. »Es gibt Wünsche, die erfüllt die Deutsche Bahn sofort.«

»Wieso, ick hab nüscht zu meckern.«

»Ich dachte eher an den Wunsch Ihres Gesprächspartners. Der nächste Halt in Karlsruhe dauert wegen einer technischen Störung mindestens dreißig Minuten länger.«

»Wat? Aber ick muss pünktlich in Berlin sein.«

Mit einem wenig überzeugenden »Das tut mir leid« verlässt der Bahnangestellte das Abteil. Wir sind wieder unter uns und nehmen bis auf einen die Verzögerung gelassen. Rainer bedauert keiner.

Mal von solch Megafon-artigen Telefonaten abgesehen: Was nervt denn die Reddit-Selbsthilfegruppe sonst noch?

User Railway schreibt: »Fraktion Leberwurstbrot.«

Jazzy schreibt: »Die Leute, die mich daran hindern, im Zug Trompete zu üben.«

Es werden viele weitere neuralgische Punkte genannt:

Rentner, die einem mit »Sie sitzen auf meinem Platz!« anmachen, aber im falschen Wagen sind.

Eltern, die ihre Terrorkinder nicht unter Kontrolle haben.

Dieselben Kinder ohne ihre Eltern, ein paar Jahre später.

Leute, die einem ihre Gesinnung oder Schwurbel-Ideologie aufzwingen wollen.

Sektmuttis.

Leute, die kurz vorher geraucht haben.

Gepäck-in-den-Weg-Steller.

Leute, die ihre Schuhe ausziehen.

Leute, die an 48-Stunden-Deos glauben und bei Douglas baden gehen.

Menschen, die wie unter Strom mit den Beinen zappeln.

Und natürlich die besonders Verhaltensauffälligen: besoffene Fußballfans und Männer, die einen Junggesellen verabschieden.

Schön ist die Zusammenfassung von User »Das-is-kein-Jim-Beam«: »Laut ist schlimmer als Leberwurst.«

Tüdelü, tüdelü. Verdammt, nochmal Rainers Handy.

Erneut sieht man nur die Hand, die aus dem Ärmel lugt, und einen Mund vor hingehaltenem Gerät.

»Rainer?« Eine schräpige Frauenstimme, allerdings leiser als Pit, Rainer muss an einen Regler gekommen sein.

»Babsiiii«, säuselt unser Mitreisender. »Ick freu mir schon auf heute Abend, wa?«

»Hier ist nicht Babsi, du Arsch«, ruft die Frau.

»Michaela? Aber dit is doch ...«

»Ja, das ist schon das Handy von Babsi, »aber ...« Im Folgenden ist leider kaum etwas zu verstehen, weil die Zugdurchsage kommt.

»Liebe Fahrgäste, leider müssen wir aus technischen Gründen in Karlsruhe ...« undsoweiter.

»Du bist durch, Rainer Konopke! Du bist so ein mieser ...« Jetzt die Durchsage auf Englisch, und dazu rauschen plötzlich die Schienen lauter. Die Gesichter drumherum wirken äußerst angestrengt.

Dann erhebt sich der Mann mit den dicken Koteletten und dem grobkarierten Jackett und nähert sich dem Platz Rainers sowie dessen Rautenpullover-Ärmel.

»Entschuldigung«, sagt der Jackentyp. »Könnten Sie die Lautstärke etwas erhöhen? Wir können die Frau kaum verstehen.«

Ein Königreich für einen Blick in Rainers Gesicht.

Wir hören ein verunsichertes: »Naja, ick weeß nich' so jenau, dit Handy spinnt irgendwie.«

Letzten Endes war es eh zu spät. Michaela hatte aufgelegt. Aber die Bitte des Mitreisenden, die sollte man sich merken.

Zugbegleiterin Juliette: Eine Frage der Haltung

Es gibt einen besonderen, sehr familiären Moment, den Juliette mit einem amüsierten Lächeln erzählt. Als ihr Großvater bei der Fahrt in der Regionalbahn voller Stolz über die Lautsprecheranlage verkündete:

»Liebe Fahrgäste, zur Fahrscheinkontrolle wird Sie heute meine Enkelin beehren. Sie lässt sich zur Zugbegleiterin ausbilden. Ganz der Opa!«

Beifall der Insassen und viel Wohlwollen folgten, als Juliette kurz darauf strahlend und ein bisschen peinlich berührt in den Gängen auftauchte.

Jetzt, hier und heute wärmt ein milder Sommertag das Wochenende, die Sonne quert den Willy-Brandt-Platz in Erfurt, und Juliette ist gerade aus dem Bahnhof zum Restaurant gekommen, in Arbeitskleidung: der 2020 eingeführten Uniform aus Blau und Weinrot, die Promi-Designer Guido Maria Kretschmer entworfen hat. »Viel besser geschnitten und viel stylischer als die Klamotten davor«, findet die junge Frau und bestellt eine Limonade.

Juliette: eine grazile Erscheinung mit Zugewandtheit im Gesicht, das dezent ein paar Sommersprossen sprenkeln. Gerade hat sie Feierabend und außer Zeit noch etwas dabei: ihr Kopfgepäck. Anekdoten, Beschreibungen, Hintergründe, aber auch Erklärungen, fröhliche Berichte über herzliche Fahrgäste, aber auch über Tränen. Alles festgezurrt von den Spannbändern der Überzeugung, dass dieser Job für sie der richtige ist.

Diese Überzeugung wurde Juliette offensichtlich von ihrem Großvater vererbt, der im Februar 2024 in Rente fuhr. »Ein stolzer Eisenbahner, der seine Arbeit mit Leidenschaft machte«, sagt die Enkelin. »Er hat das vorgelebt und mich damit inspiriert. Klar war mir schon lange, dass ich einen Beruf ausüben will, der mit Menschen zu tun hat, außerhalb von Büros.«

2016 begann die Thüringerin ihre Ausbildung zur Kauffrau für Verkehrsservice bei der Deutschen Bahn. Rechnungswesen, Buchführung, Geografie, Wirtschaft und Englisch standen auf dem Berufsschulplan, zur Praxis gehörte das Training in den Zügen. Und dabei nahm sie schon mal ihr Opa Andreas unter seine Fittiche.

2019 steckte der Abschluss in der Tasche. Für die Balance zwischen Freiraum und Arbeit liegt bei der Bahn eine Menge Spielraum. »Du kannst dich entscheiden, ob du überdurchschnittlich viel Urlaub oder besser verdienen willst«, sagt Juliette. Die Gehaltsspanne reicht von jährlich knapp 31 800 bis gut 41 000 Euro.

Juliette entschied sich für mehr Urlaub bei rund fünf Prozent weniger Lohn. Seit ihrem Abschluss arbeitet sie im Nahverkehr des Thüringer Raums. Mal in der Frühschicht ab vier Uhr, mal in der Tagesschicht ab sechs oder sieben Uhr oder später von vierzehn Uhr bis nach Mitternacht. Ihren Job füllt sie mit der Haltung aus, mit der sie eh durchs Leben geht: im Grundton freundlich und zugewandt, durchaus für Smalltalk zu haben, im Zweifel aber sehr bestimmt und keine Freundin von zwei Meinungen.

Requisite dieser Entschiedenheit ist besagte Arbeitskleidung. Wenn Juliette die Kretschmer-Uniform anzieht, schlüpft sie ein Stück weit in eine Rolle, die sie im Privatleben nicht lebt. »Der Rücken strafft sich, ich trete anders auf. Und meine unausgesprochene Botschaft, dass ich hier Verantwortung dafür trage, was geht und was nicht, das kommt offenbar an.« Für ein deutliches »Stopp!« ist die Dienstkleidung ein stabilisierendes Korsett.

Deutlich Nein sagen können, das gehört zwingend dazu. Selten musste Juliette das so häufig tun wie 2022, als das Deutschland-Ticket nur 9 Euro kostete. So toll es vor allem für die war, die sich sonst eine Fahrkarte nicht oder schwer leisten können – für das Zugpersonal bedeutete das Billig-Billet Stress pur. Auf vielen Strecken platzten die Züge aus der Verschweißung, die halbe Republik stieg zu, bis sich die Türen nicht mehr schließen ließen.

»Eine krasse Veränderung und echte Herausforderung.« Schlimmstes Reizwort in diesem Zusammenhang: Fahrräder. »Ich habe sie gehasst«, gesteht Juliette. Leute mit Rad wollten auf Biegen und Brechen mit, obwohl definitiv kein Platz war. Zu den Stoßzeiten blieb sie an den Türen stehen und hob die Hand, wenn das Limit erreicht war. Nicht alle wollten das verstehen.

Richtig sauer wurde Juliette bei einem Radler, dem sie an einem Bahnhof gebot, draußen zu bleiben, weil die Wagen schon rappelvoll waren. Der motzte lauthals wie Gernot Hassknecht von der »Heute-Show« und zeigte dann auf eine Dunkelhäutige, die im Abteil mit einem Kinderwagen stand. »Aber so was nehmen Sie mit?«

Rassismus, das geht bei Juliette gar nicht. »Sie verschwinden hier sofort, so jemanden wie Sie hat in meinem

Zug nichts zu suchen!« Trotzdem, der Typ versuchte, sich irgendwie hineinzuquetschen. Bis Juliette ihm in Absprache mit dem Zugchef drohte: Entweder er steigt aus, oder der Zug wartet bis zum Eintreffen der Polizei. Das half, wenn auch unter weiteren unflätigen Flüchen des Kerls. Nach Einführung des 49-Euro-Nachfolgers entspannte sich die Lage. Zumindest ein wenig. Grundsätzlich befürwortet Juliette einen bundesweit geltenden kleinen Aufpreis für die Fahrrad-Mitnahme in Nahverkehrszügen. Das hätte Wirkung, meint sie.

Nun zum Thema Fahrscheinkontrolle: Liebe Frau Zugbegleiterin, wie kulant sind Sie, wenn jemand kein oder das falsche Ticket oder bloß eine faule Ausrede hat?

So ganz offiziell darf Juliette nicht mal ein halbes Auge zudrücken. Aber sie tut es hin und wieder. Zum Beispiel kürzlich bei der alten Dame, die mit der Technik des Ticketautomaten überfordert war.

Kein Pardon hat sie für Schwarzfahrer, die mit dämlichen Ausreden um eine Geldstrafe herumkommen wollen. Standard-Spruch: »Ach, ich wollte gerade zu Ihnen kommen und ein Ticket kaufen.« Einige versuchen es gern mit schon benutzten Fahrscheinen oder tun so, als würden sie Juliette nicht verstehen. Nicht mir ihr. Wer trickst, fliegt am nächsten Bahnhof raus, soviel ist klar. Und dabei wird es schon mal brenzlig. So hart im Nehmen Juliette ist – fühlt sie sich bedroht, geht es nicht ohne Sicherheitspersonal, ohne Einschreiten des Lokführers oder der Polizei. »Das sind die Situationen, in denen ich denke: Dafür habe ich diesen Beruf nicht ergriffen.«

Sehr zu Herzen ging ihr eine Ukrainerin, die aus Göttingen kommend ein für die Strecke nach Jena ungültiges

Ticket zeigte und am selben Tag zurück wollte. Juliette schlug ihr als preiswerteste Variante den Kauf eines Querdurchs-Land-Ticket vor, Kostenpunkt 44 Euro. Für einen weiteren Fahrschein habe sie nicht genug Geld, sagte die Frau mit allmählich bebendem Kinn. »Ich hätte das durchgehen lassen, aber bei der Rückfahrt hätte ihr dasselbe Problem gedroht, mit ungewissem Ausgang.«

Die Frau brach in Tränen aus, und auch bei Juliette kroch ein Kloß den Hals hoch. Jetzt bloß nicht mitheulen, dachte sie. Dann erhob sich hinter ihr eine Frau: »Ich bezahle die Karte.« Jetzt weinte die Ukrainerin vor Rührung, und Juliette bedankte sich bei der Retterin für die menschliche Geste.

Erlebnisse wie dieses setzen wohltuende Kontrapunkte zum Egozentrismus derjenigen Mitfahrenden, die zur Vermeidung von Nachbarschaft ihre Taschen auf dem Nebenplatz drapieren. »Trotz Durchsagen reagieren die oft nicht. Da muss ich schon mal nachhaken. Heißt halt Sitzplatz, nicht Gepäckplatz.«

Szenerien in Zügen geben ein komprimiertes Abbild der Gesellschaft. Sie stehen und sitzen alle hier: die Schnösel, die Bedürftigen, die Sozialen, die Eigenbrötler, die Weltoffenen, die Verschwörer, die Normalos und die Exoten. Juliette könnte ein Buch erzählen. Von der Fahrt, in der in einem Regionalzug sage und schreibe drei Junggesellen-Abschiede um die Wette feierten und der Zugführer die in seiner Nähe Sitzenden aufforderten, ihn doch bitte mit coolerer Musik zu beschallen. »Es war unbeschreiblich lustig«, sagt Juliette. Von einem kleinen Jungen, der vehement den Schokotaler für Fahrgäste zum Nikolaus ablehnte, weil Juliette auch etwas Süßes verdient habe und er noch genug bekäme.

Die junge Frau weiß nur zu gut, dass die Deutsche Bahn öfter Anlässe für Häme gibt wegen Verspätungen im angeblich so preußisch zuverlässigen Land. Sie bekommt beispielsweise auf einer Party schon mal zu hören: »Was, du arbeitest bei diesem Scheißladen!«?

Dabei ist ihre Ausgangsposition gar nicht schlecht: Die Pünktlichkeitsrate »ihres« Nahverkehrs in Thüringen liegt bei 92 Prozent und damit Welten entfernt vom gescholtenen Fernverkehr. Wenn trotzdem gelästert wird, ist sie auch hier glasklar und setzt eine Grenze: »Du kannst gern was Nettes sagen oder Fragen stellen, ansonsten wechseln wir das Thema.«

O nein, Fragenstellen macht mehr Spaß. Zum Beispiel die nach einem eigenen Stil bei den Durchsagen. Hat man den? So ein Abschiedsritual wie Tagesthemen-Zamperonis »Bleiben Sie zuversichtlich« oder Dirk Steffens' »Bleiben Sie fasziniert« oder »Kommen Sie gut durch den Tag«, wie es ZDF-Wettermann Benjamin Stöwe flötet?

Nein, Juliette verspürt kein Bedürfnis, ein Markenzeichen zu setzen. Aber mit den letzten Worten vor dem Ausstieg hält sie es mit ihrem Großvater. Der hat nie den Standard »Die Deutsche Bahn verabschiedet sich von Ihnen« benutzt, sondern die Ich-Form bevorzugt. Schließlich war er es persönlich, der alle bis zum Ziel begleitet hat. Juliette schickt dazu noch ein freundliches »Tschüss« hinterher.

Übrigens, an seinem allerletzten Arbeitseinsatz hat Opa Andreas seine finale Ansage verändert. »Liebe Fahrgäste, ich verabschiede mich von Ihnen, nach 45 tollen Jahren und wünsche Ihnen alles Gute.« Die lange Reise seiner Enkelin hingegen hat erst begonnen.

Zack, unser Gespräch ist vorbeigerauscht wie ein ICE, die Limonade ausgetrunken. Es wird wärmer, die Mücken tanzen Tango, der Restsonntag gehört Juliette. Sie schultert ihre Tasche, strafft den Rücken in der Uniform, sagt »Tschüss«. Und es gibt keinen Zweifel: Würde Andreas allein diese flüchtige Bewegung seiner Enkelin sehen, diesen Ausdruck von Haltung zum Beruf, er wäre stolz wie Bolle.

Durchsage

Sie haben es sicher schon gemerkt:
Wir haben unseren Zug zu heiß gewaschen,
er ist etwas eingelaufen – weswegen unserem ICE
heute Wagen 18 fehlt.

Die Kelly's im Abellio

Aus dem Schälmesser hängt ein übersehener Streifen Möhrenschale. Wie eine lange, dünne Zunge streckt sie sich dem Beobachter entgegen. Auf dem benachbarten Schneidebrett bilden gewürfelte Paprikastückchen einen kleinen Hügel, und aus einer Plastikschüssel ragt das grüne Haar eines Salatkopfes. Nicht ins Bild passt das Fläschchen Penatenpuder, aber das wird sich später erschließen. Weil es sich hier nicht um ein Stillleben aus einer Küche handelt, sondern um ein Abteil im Abellio.

Abellio, das ist ein privater Anbieter im Schienenpersonennahverkehr. Man erkennt ihn am rot-weißen oder am gelb-weißen Design und den zwei roten »L«s im Logo. Weiteres, nicht ganz unbedeutendes Merkmal: Wenn die Deutsche Bahn streikt, fährt Abellio trotzdem.

Die Ausstattung dieser Zugmodelle besticht durch einen sehr ordentlichen Sitzabstand sowie ein offenes Familienabteil, das wiederum mit einer geschwungenen Sitzecke in bunter Farbgebung überzeugt. Das hat sehr offensichtlich auch jene Sippe angesprochen, die hier mehr als nur Platz genommen hat. Sie hat sich häuslich niedergelassen.

Das Szenario springt mich direkt nach Entern des Zuges in Goslar an. Meine Rückreise von den Domfestspielen in Bad Gandersheim, bei denen in diesem Jahr Alexandre Dumas' »Der Graf von Monte Christo« alias Edmond

Dantes erst unschuldig im Kerker gelitten und dann Rache an seinen Verrätern genommen hat.

Sehr zu empfehlen übrigens. Bad Gandersheim bietet das größte Freilichttheater Niedersachsens und ist auch ohne die Domfestspiele einen Besuch wert. Vorausgesetzt, man bevorzugt Altstädte mit Überschaubarkeit. Nach 35 Minuten ist man komplett durchspaziert und gezwungen, sich von dem Gewaltmarsch in einem der netten Cafés zu erholen.

Nun also zurück nach Leipzig, mit Regionalbahnen in gut drei Stunden, also dank Flatrate ohne weitere Kosten. Denn auch im Abellio gilt das Deutschland-Ticket. Vom schnucklig-einsamen Bad Gandersheimer Bahnhof losgefahren, folgt der erste von zwei Umstiegen in Goslar Richtung Halle.

Und hier entfaltet sich von meinem Sitz aus, nur getrennt von einer Plexiglasscheibe, eine reale Doku-Soap, die jeden Kinobesuch ersetzt. Besagte Familie besteht aus einer Frau, einem Mann, einer etwa Fünfjährigen sowie einem Säugling in einer Babywippe. Optisch besonders auffällig: der Mann. Oben rum ist er dekoriert mit einem aktuell unbewohnten karierten Babytragetuch sowie einer runden Nickelbrille. Er hat zotteliges Haar und einen beträchtlichen, angegrauten Vollbart. So etwa muss Edmond Dantes ausgesehen haben, als er nach vierzehn Jahren aus dem Kerker von Château d'If geflüchtet war. Ohne Tragetuch, versteht sich.

Anders als jener Graf strahlt der Zottlige eine Tiefenentspannung aus, bei der ein Dalai Lama als hyperaktiv eingestuft wurde. Seine Begleiterin dagegen wirkt in ihrer Gelassenheit ein wenig angestrengt. Dahinter ist sie so locker wie ein Fußballtrainer nach der siebten Niederlage seines Teams in Folge.

Die Abellio-Familie hat besagte Sitzecke so eingerichtet, als ginge ihr Aufenthalt weit über diesen Sommertag hinaus. Von zwei Haken an den Fenstern hängen eine leicht am Kopf erschlaffte Sonnenblume sowie zwei nasse Kindersocken, deren Fußbereich mit einem Bärchengesicht bedruckt sind. Etwa alle vier Sekunden tropft es von den Spitzchen auf die Kante des großen Tisches, was keinen der vier zu stören scheint. Obwohl das Sockenwasser nur wenige Millimeter entfernt vom Salat auf den Tisch prallt und ein Teil des Dressings zu werden droht.

Für das Essen ist schon einiges angerichtet: Möhren, Zucchini und Paprika sind zerkleinert, soeben steuert der Papa die finale Zubereitung an. »Frieda, holst du schon mal die Gabeln aus dem Rucksack?«, sagt er mit Blick auf das Mädchen. »Moment noch, Norbert«, ruft Frieda, flitzt jedoch an Rucksack und der Bitte vorbei, um auf eine Kopfstütze zu klettern und sich von dort auf das metallene Gepäckfach zu schwingen.

Ein Abellio kann nämlich nicht nur als Anbieter im Schienen-Regionalverkehr genutzt werden, sondern auch als Indoor-Klettergerüst. Denkt Frieda. Dass sie bei ihrem Angriff auf das Gitterkonstrukt unter dem Zugdach nicht nur die Sonnenblume hinrichtet, sondern mit einem Bein fast die Socken abhängt, quittiert ihre Mutter mit einem gekrampften Lächeln und der zwischen den Zähnen herausgezischten Bemerkung: »Ach, mein Friedelchen, deine Energie ist ... wirklich beneidenswert.«

Der Mann, ganz Phlegma, lacht nur. »Tja, Schatz, sie kommt ganz nach ihrem Vater.«

Eine Bemerkung, die aufhorchen lässt.

Leider sitzt in meiner Nähe niemand, mit dem ich als Duo Waldorf und Statler das Geschehen kommentieren könnte. Das sind die beiden Opas, die bei der Fernseh-Comedy »The Muppet Show« genüsslich-fies kommentieren, was auf der Bühne passiert.

Waldorf würde sagen: »Wenn dieser ferngesteuerte Schlafanzug der Vater dieses Wirbelwinds ist, kandidiere ich für die Junge Union.«

Statler: »Die freuen sich über Nachwuchs. Ich frag mich nur, ob der Typ hier im Abteil vom Kuckucks-Ei eine Ahnung hat.«

Nach drei Ermahnungen – zwei genervten der Mutter und einer »Ich-will-keineswegs-deine-Rechte-zur-Entfaltung-einschränken-aber«-Bemerkung des Wohlkaum-Erzeugers – bequemt sich Frieda an den Rucksack. Und auch nur, weil sie Hunger hat. »Ich hab Hunger«, sagt sie und trennt die Zinken dreier Holzgabeln von einem Wollknäuel. Und nun geht's zu Tisch. Möhren-, Zucchini- und Paprika-Geschnurpse liegt über dem Rauschen und Klackern der Bahnschienen.

Waldorf staunt: »Sehr nett haben die es hier. Ich frag mich, wann der Fernseher angemacht wird und wir zu sehen sind.«

Statler könnte den Hals recken und fragen: »Was das wohl kostet, eine Abellio-Woche Airbnb mit Selbstversorgung?«

Die vier Vertreter naturbelassener Ungezwungenheit, gegen die die Kelly Family eine Spießer-Sippe ist, sind übrigens barfuß, ist ja Sommer, und man befindet sich quasi zu Hause. Lange schien das Baby in seiner Schale gar nicht richtig vorhanden, jetzt aber addiert es sich in die Szenerie. Mit einem Grunzen, das anwächst zu einem Geknatter, in Gequäke übergeht und letztlich Geschrei durchs ganze Abteil wird.

Die Mutter, die gerade die erste Gabel zum Mund führt, stöhnt auf. »Och, Johannes, doch nicht jetzt.«

Frieda sagt: »Der hat bestimmt auch Hunger.«

Der Vielleicht-Vater nickt freundlich. »Stimmt, Frieda, das könnte sein.«

Die Mutter verleiert die Augen. Nun muss sie also auch dafür herhalten, hier wieder Ruhe herzustellen, genauer gesagt: ihre linke Brust. Seufzend setzt sie sich in die Familienecke, lupft einseitig ihr Shirt und lässt Johannes andocken.

»Lasst mir noch was übrig«, knarzt die Stillende.

Statler würde sagen: »Gibt es denn zum Salat nichts Warmes? Wo ist der Campingkocher?«

Waldorf zögert. Er hat gemerkt, dass nicht Statler das gesagt hat, sondern ich, laut im Zug. Ist mir aus meinen Gedanken gerutscht, hat aber niemand mitbekommen, weil am Familientisch gerade eine Krise keimt. Als die Mutter den schmatzenden Johannes von ihrer Brust löst und ihn in die Wippe zurückbetten will, kräuselt sie die Nase.

»O nein, hat da jemand etwa schon wieder sein Geschäft gemacht?«

Sie schnuppert an Johannes' windelgepolstertem Hinterteil. »Puuuuuh«, ruft sie ostentativ und »pfuiiii!«

Die Scheibe schützt mich vor der olfaktorischen Herausforderung, übel wird mir trotzdem. Theatralisch atmet die Mutter aus, und Waldorf fragt: »Ist das Asthma oder Leidenschaft?«

Statler beobachtet stumm, wie die Frau ihren zotteligen Mann erwartungsvoll anblickt. »Kannst du das jetzt mal übernehmen?«

»Och nee«, sagt der kauend, »ich ess doch grade.«

Iss schneller, Alter, denke ich, na los, Spachtelfinale! Sonst kommt die Frau noch auf die Idee, den einzigen weiteren Fahrgast im Abteil zu fragen. Ich erwäge, in den Nachbarwagen zu flüchten. Letztlich erbarmt sich die Mutter. Über den Vorgang des Windelwechsels möchte ich nicht reden.

Bis zum Ausstieg in Halle an der Saale hat die Sippe ihren Wohnsitz geräumt und verlässt mit mir den Zug. Der Mann trägt das Baby sowie einen Rucksack und in einer Hand die gefüllte Windel, die Mutter eine beinahe platzende Reisetasche und säuerliche Mimik, das Mädchen den kümmerlichen Rest der Sonnenblume. Unfassbar, wie die den ganzen Krempel in die wenigen Behältnisse bekommen konnten.

Ein letztes Mal meldet sich Statler: »Was für eine Vorstellung!«

Waldorf: »Das stimmt! Immer wenn man denkt, die Show ist furchtbar, passiert etwas Wundervolles.«

Statler: »Was denn?«

Waldorf: »Sie endet.«

ANARCHIE IM PARTYABTEIL

Früher war alles besser. Ein Satz, bei dem Stammtischler so derb nicken, dass die Nackenmuskeln knacken. Dass früher alles besser war, das hat man schon in der Antike gesagt. Allein der Zusatz »alles« ist Humbug. Nehmen wir mal unsere Politiker in Regierungsverantwortung – fand man die nicht schon immer doof und unfähig? Hach, und der Tante-Emma-Laden damals umme Ecke, da war die Welt noch in Ordnung! Tante Emma wurde im Stich gelassen. Von uns. Weil wir zu lange in Discountern Schnäppchen in die Warenkörbe geschmissen haben.

Da sitzt sie nun gefrustet, ersäuft ihren Kummer im Billigschnaps, gekauft bei Aldi. Ihre Zukunft geht Zigaretten holen, auf deren Verpackung nicht mehr (Nikotin-)Werte stehen, sondern eklige Bilder. Und weil man das Gemütlichkeits-Essen seltener hinbekommt, macht bald auch das Restaurant nebenan dicht. Systemgastronomie geht halt schneller. Im McDrive einen Wutburger mit Käse reinpfeifen und schnell weiter.

Insgeheim wissen wir doch, was das wirkliche Problem ist: Deutschland hat akuten Lachkräftemangel.

Meckern und Vergangenheit verklären, das liegt in der germanischen DNA. Genau deswegen war früher alles besser. Aber konzentrieren wir uns doch mal auf die schönen, stärkenden Beispiele, die zeigen: Es gibt Dinge, die waren schon immer scheiße. Das Anrücken der Verwandtschaft zu Weihnachten. Die nächste Steuererklärung. Streik der Fluglotsen am Abflugtag. Und auch mit Blick auf die Deutsche Bahn dürfen wir nicht so tun, als wären Verspätungen anno dazumal schöner gewesen.

Okay, etwas seltener, aber auch hier gilt es, den Fokus auf das Positive zu richten: Die Ansagen des früher oft barschen Bahnpersonals beispielsweise zu einem Triebwagenausfall sind freundlicher und nahbarer geworden. Wenn der Ton der DB-Leute zwischen Verzweiflung, Galgenhumor und dem Willen zur Verbrüderung liegt, ist das doch schon mal was. Es kommt immer darauf an, was man aus Krisen macht.

Ein zeitloses Credo.

Von einer legendären XXL-Verspätung und einem bravourös produktiven Umgang damit kann Hümmi berichten. Hümmi, das ist der Typ, den manche vielleicht aus dem Reportagen-Buch »Rock'n'Roll 4evermore« kennen: Im VW Bulli sind wir quer durch Deutschland zu Konzerten alternder Musiklegenden gereist, um sie noch einmal vor ihrem Karriereende zu feiern. Auch seit dem Erscheinen des Werks hat sich nichts daran geändert, dass man Hümmi seinen überbordenden Bierkonsum nicht anmerkt, während ich bei der Hälfte dem Verlust der Muttersprache entgegensteuere. Das war früher nicht anders als heute.

Diesem Hümmi ist eine Zugpanne aus den 2000er Jahren in Erinnerung, die als fulminantes Beispiel für die Verbesserung menschlichen Miteinanders steht. Mein Kumpel saß in einem IC, der seine Insassen von Frankfurt bis Leipzig befördern sollte. Am Bahnhof in Erfurt beichtete der Zugbegleiter nach mehrminütiger Warterei über Lautsprecher, dass aufgrund von Problemen auf der Strecke – besonders in Mode war damals die Begründung »Böschungsbrand«, warum auch immer – eine zeitintensive Umleitung vonnöten sei.

»Gab natürlich viel Gestöhne und Gemecker«, erzählt Hümmi. »Vor allem die Geschäftsleute waren stinksauer, weil ihre Termine wackelten.« In den nächsten Stunden bummelte der Schnellzug durch die Dörfer, blieb mal hier und mal da in der Pampa stehen und machte eine Orientierung unmöglich, denn Handys hatten ja noch kein Navi (heute ist alles besser).

Mit der Zeit bekam Hümmi das, was er vor allem dann bekommt, wenn sich nichts ereignet, was ihn davon abhalten könnte: Lust auf ein Bierchen. Im Speisewagen, der heute Bordrestaurant heißt, befand sich bereits eine illustre Ansammlung aus Gleichgesinnten. Schlipsträger, Rucksackträgerinnen, Bedenkenträger, in Turnschuhen, Hochhackigen oder Hochglanz-Slippern. Als sehr wahrscheinlich gilt, dass Hümmi entweder ein Shirt von Deep Purple oder eins von Schalke trug, denn die machten schon damals neunzig Prozent seiner Garderobe aus.

Seine Umgebung spiegelte nicht wirklich den Menschenschlag, mit dem sich Hümmi am liebsten umgibt. »Lauter Spießer, lauter Tussis, lauter Müslifresser, das kann ja was werden«, dachte er. Bahngastro ist halt nicht Stammkneipe. So standen oder saßen sie also da, die Reisenden, sprachen sich gegenseitig Mut und dem Alkohol zu. Komische Formulierung übrigens. Als ob Bier zuhören könnte.

Egal, angesichts der sehr schlechten Laune war man sich in der Wahl des Mittels einig, um sie zu kompensieren.

»Ich schwöre, ich war nicht der Einzige, der dem Typen hinterm Tresen verklickerte: Geht hier das Bier aus, entgleist der Zug.«

Die Panik stand dem Bahnangestellten ins Gesicht geschrieben. Er zapfte um sein Leben. Im Stakkato, wie ein Kölner Gastwirt am Rosenmontag. Bierzug um Zug arbeiteten die Anwesenden daran, die Bestände zu minimieren. Und da waren sie definitiv ein Volk, die Spießer, die Tussis, die Müslifresser.

Während der allmählichen Annäherung wuchs die Fahrzeit des Trips ins Ungewisse. Immer mehr Leuten wurde klar, dass ihre Termine oder Verabredungen nicht zu halten waren. Sie ließen los vom Zeitmanagement und erkannten: Dann klappt es halt nicht. Das Ausmaß der Verspätung wurde letztlich egal. Wird es eben nichts mit dem Rendezvous, dem Geburtstagsessen, der Unterschrift unter dem Millionendeal. Nicht zuletzt dank steigender Promille-Einheiten veränderte sich die Stimmung. »Es wurde lockerer und entspannter«, sagt Hümmi. »Vor allem, als die ersten Zigaretten angezündet wurden.«

Dazu muss man wissen: Die Geschichte spielt 2008, in einer Ära, in der gerade erst das Rauchen in Zügen abgeschafft worden war und das Personal das Einhalten des Verbots strengstens anzumahnen hatte. Aus taktischen und nachvollziehbaren Gründen verhielt sich der Restaurant-Mitarbeiter still. Als der Speisewagen schon blau eingenebelt war, tauchte jedoch der Zugbegleiter auf. Völlig entgeistert warf er sich in Positur, holte Luft (soweit noch vorhanden) und setzte zu einer Ansage an, kam aber nur ein paar Silben weit. Nach sehr eindeutigen Fahrgast-Drohungen verkrümelte er sich, und damit war der Weg frei:

Der Speisewagen mutierte zum Partyabteil, von dem weitere Mitreisende verqualmten Wind bekamen und ihn füllten wie eine Sardinenbüchse.

Anarchie im IC durchs Irgendwo! Auch Nichtraucher entdeckten plötzlich einen Glimmstängel zwischen ihren Lippen. Die Schnapsvorräte wurden geplündert, Snacks waren bald aus. Und genau zum richtigen Moment ertönte die Durchsage des Zugbegleiters. »Verehrte Fahrgäste, wir haben in drei Minuten einen unplanmäßigen Halt in Bad Kösen.«

Allgemeines Gestöhne, doch dann folgte der entscheidende Satz: »Wir bitten alle darum, nicht auszusteigen. Es geht lediglich darum, dem Wunsch mehrerer Fahrgäste nachzukommen: Wir füllen die Bierbestände auf.«

Die Atmo beim Titelgewinn im Fußball-Champions-League-Finale durch einen Treffer in der Nachspielzeit ist eine Schweigeminute gegen das, was sich nun abspielte. Tosender Jubel brandete durchs Partyabteil, Leute sangen und schunkelten »So ein Tag, so wunderschön wie heute«, Spießer knutschten Tussis, und eine Müslifresserin verschwand mit einem Geschäftsmann auf dem Zugklo.

Mit neuem Schwung ging's nach Bad Kösen weiter, der Bistro-Angestellte kassierte Lobeshymnen sowie reichlich Trinkgeld. Nicht unwahrscheinlich, dass die Deutsche Bahn an diesem Tag einen Rekordumsatz in der Geschichte ihrer Gastronomie einfuhr, der bis heute gilt. Und wer Hümmi kennt, der weiß: Sein Anteil daran kann nicht mickrig gewesen sein.

Rückblickend wertet Hümmi das Reisedesaster von damals in ihrem weiteren Verlauf als »sehr witzige Fahrt. Jeder hat Spaß gehabt. Als wir abends mit dreistündigem

Verzug am Hauptbahnhof Leipzig ankamen, sind alle sternhagelvoll aus dem Wagen gefallen, es gab ergreifende Abschiedsszenen.« Manche, berichtet er, wollten im Zug bleiben, um weiterzufeiern.

Halten wir also nüchtern fest – Verspätung gab's schon immer, und früher war nicht alles besser. Allerdings könnte die DB aus der Geschichte von damals Schlüsse ziehen und eine Neuerung einführen: Bei einer Abweichung ab neunzig Minuten wird das Bordrestaurant als Raucher- und Partyabteil freigegeben. Ein Win-Win-Versprechen: Genervte Bahnreisende werden lockerer, der entsprechende Getränke-Konsum hilft dem angeschlagenen Konzern bei der Sanierung. Ganz sicher: In ein paar Jahren werden sich alle fragen, warum man nicht früher drauf gekommen ist. Damals, als noch alles schlechter war.

Durchsage

Die Verbindung beider ICEs
dauert heute etwas länger.
Ist manchmal wie bei Tinder,
bis sich zwei gefunden haben!

Die andere Wahrheit: Mysteriöse Ziegen, Hornochsen und Haarspray-Alarm

Markt Beratzhausen ist ein schnuckliges Örtchen in der Oberpfalz. Es hat ein Freibad, 5700 Einwohner und Beweise dafür, dass der Philosoph und Mediziner Paracelsus hier im Jahre 530 zwei Werke verfasste. Die Marktgemeinde nahe Regensburg glänzt zudem dadurch, dass eine Bürgerinitiative seit 2003 Kabarettveranstaltungen bietet, Name: »Lachoffensive Beratzhausen«.

Im August 2024 passierte in diesem Örtchen etwas, das manche ganz ohne Festival zum Lachen gebracht und andere ein wenig besorgt hat: Lenny und Emmy waren ausgebüxt. Einfach so. Manchmal wurden sie gesichtet, dann tauchten sie wieder ab. Bei Lenny und Emmy handelte es sich um zwei Ziegen, die einem Schäfer gehörten, der sie in Beratzhausen hatte weiden lassen. Als der Mann weiterziehen und die Herde auf sein Fahrzeug verladen wollte, nahmen die Querköpfe Reißaus, berichtet das regionale Nachrichtenportal Charivari. Nachdem der Schäfer sie vergeblich gesucht hatte, zog er ohne sie weiter.

Von diesem Zeitpunkt an sorgten Lenny und Emmy für eine Menge Aufmerksamkeit. »Mal stehen sie oben auf den Felsen, mal spazieren sie über die Straßen und mal machen sie es sich in Gärten gemütlich«, berichtete die Mittelbayerische Zeitung. Mehrere Versuche, die »ziemlich gewieften Tiere« einzufangen, seien gescheitert. Auch ein Jäger hatte keinen Erfolg. Ein paar Tage waren sie wie verschluckt, plötzlich wieder da. Auf Facebook und X gab es Updates zu Aufenthaltsorten der Tiere. Ein Foto in sehr schlechter Auflösung zeigt zwei ziegenähnliche Wesen in einem felsigen Unterschlupf am Rand eines Waldes.

Äußerst geheimnisvoll, diese Lenny und diese Emmy. Warum konnten die beiden eigentlich nur verschwommen gesichtet werden? Was steckte wirklich dahinter? Waren sie vielleicht etwas ganz Anderes? Aliens?

Das Mysterium von Lenny und Emmy entwickelte sich zu einer Mischung aus dem durch Bayern streunenden und 2006 erschossenen Problembären Bruno, dem Ungeheuer von Loch Ness und dem letzten Einhorn, jeweils in zweifacher Ausfertigung. Streng genommen also dem letzten und vorletzten Einhorn. Ein Tick Gangstertum à la Bonnie und Clyde steckte auch drin. Egal, da wuchs jedenfalls ein Mythos heran. Lenny und Emmy, die Revoluzzer, die Renitenten!

Neue Nahrung bekam der Mythos durch einen Störfall, der sich am 8. August ereignete und aus der Betriebsstelle Beratzhausen an die Deutsche Bahn geleitet wurde. Im Wortlaut:

1. Trassenfahrer Güterzug meldet um 14.30 Uhr Ziegen im Gleisbereich.
2. Maßnahmen: Notfallleitstelle (NFLS) benachrichtigt. Nächster ICE fährt im gemeldeten Bereich auf Sicht. Polizeistreife wird zum Bahnhof Beratzhausen geschickt. Güterzüge werden an geeigneten Bahnhöfen zurückgehalten.

15:35 Uhr: Züge fahren wieder ohne Einschränkungen.
Keine Feststellung.

Machen wir uns nichts vor: Wer sonst außer Lenny und Emmy hätte das gewesen sein können? Typisch auch, dass sie sofort wieder verschwunden waren.

Bei der Störmeldung handelt es sich übrigens um eine von zigtausenden, die im Lauf eines Jahres bei DB-Meldestellen eingehen. Durch einen Zu(g)fall lernte ich einen dort Beschäftigten aus Berlin kennen, der glaubwürdig erläuterte: Das öffentliche Bild zum Thema »DB und Verspätungen« hängt schief wie im Loriot'schen Wartezimmer.

Natürlich, es ist überflüssig zu diskutieren, dass das Bahn-Chaos vor allem konzerngemacht ist: prähistorische Infrastruktur, überlastetes Streckennetz, marode Oberleitungen, Signalstörungen, Personal-Engpässe, monopolistisch-undurchsichtige Unternehmensstruktur, nicht zu vergessen die Arbeitskämpfe.

Alles klar so weit, trotzdem ist das nicht die ganze Wahrheit.

Ein unterschätzter Punkt ist die Rücksicht auf Leben. Da bilden Lenny und Emmy nur das Ziegenkäse-Häubchen. Lokführerinnen und -führer sind angewiesen, größere Lebewesen unabhängig von der Anzahl ihrer Beine zu schützen, solange niemand der Insassen durch eine Vollbremsung zu Schaden kommt. Und dass laut jüngstem Bericht des Eisenbahn-Bundesamtes knapp siebenhundert Suizide im Jahr sowie fast hundert Versuche die Züge zum Stillstand zwangen, hat die Allgemeinheit kaum im Blick. Das sind zwei furchtbare Vorfälle pro Tag.

Die Quelle aus Berlin hat mir nicht nur diese traurige Zahl zukommen lassen, sondern einige weitere Beispiele für Störungen. Sie bedienen alles zwischen Dramatik, Verschwörung, Komik und Skurrilem und stammen aus einem Zeitraum von wenigen Wochen.

An einem Novembertag 2024 meldet ein Reisender um 11.40 Uhr ein sprengstoffverdächtiges Gepäckstück im ICE von Berlin nach Hamburg. In Stendal folgt ein Polizeieinsatz, die Bundespolizei verordnet die Sperrung der Gleise und benachrichtigt einen Bombenentschärfer. Der Verkehr wird umgeleitet. Erst knapp zwei Stunden später sind alle Maßnahmen aufgehoben.

Im Protokoll steht: »Sprengstoff nicht bestätigt, es wurde ein Koffer mit Kleidung geöffnet.«

Komplett unschuldig war die Deutsche Bahn AG auch beim Ausfall einer Verbindung Richtung Bamberg im August 2024. An der Betriebsstelle Buttenheim wurde ein Kabelschaden angezeigt. Eineinhalb Tage mussten Züge umgeleitet werden, bis das Fachpersonal Spleißarbeiten und Kabeltausch erledigt hatte. Die Ursache steht im Protokoll der Entstörungsstelle: »Kabel bei Mäharbeiten durch einen Bauern beschädigt.«

Ein anderer Landwirt im pfälzischen Mayen wiederum hatte seine Strohballen so abenteuerlich nah am Gleis postiert, dass sie auf die Strecke zu rollen drohten. Konsequenz: Sperrung ab 20.15 Uhr. Am nächsten Morgen transportierte der über Nacht ausfindig gemachte Bauer die Riesenwürfel ab.

Wieder ein paar Wochen später wurden im Bereich Halle-Ammendorf von einem Lokführer zwei Kühe gesehen, die auf den Gleisanlagen flanierten. Nach der Erstmeldung durften die verkehrenden Züge eine Stunde lang nur noch auf Sicht fahren, bis die Tiere von Bauer und Polizei eingefangen waren.

Landwirtschaft und Zugverkehr, das verträgt sich manchmal schlecht. Doch ob Lenny und Emmy, weitere Ziegen, Kühe oder jener Schwan, der 2022 bei Melsungen im Gleisbett seinen getöteten Partner betrauerte und von einem Experten eingefangen werden musste – sie alle sind nichts gegen die Rindviecher auf zwei Beinen, die mangels Hirnmasse Verspätungen und Sperrungen provozieren.

An einem Oktober-Nachmittag 2024 gerieten sich am Bahnhof von Bad Hönningen zwei Hornochsen derart in die Haare, dass sie meinten, sich gegenseitig mit Schottersteinen aus dem Gleisbett bewerfen zu müssen. 25 Minuten lang war die Bahn gezwungen, die Züge zurückzuhalten, dann traf die Polizei ein und handelte.

Im selben Monat schaffte es ein Neunzehnjähriger in die Medien, weil sein Auto im mittelhessischen Nidda von der Fahrbahn abkam, eine Böschung hinabstürzte und im Bahngleisbereich liegenblieb. Immerhin stieg der Halter unversehrt aus seiner Karre, doch zwischen Nidda und Ober-Widdersheim ging bahnverkehrstechnisch vier Stunden lang nichts mehr, bis der Pkw geborgen war. Als Ursache steht in der internen Bahnmeldung nüchtern: »Fehlverhalten eines Verkehrsteilnehmers«.

Definitiv haarsträubend, dass zusehends ein kosmetischer Übereifer den Verkehr ausbremst. Die Erstmeldung dazu lautet meist: Brandalarm im Zug. Sofortige Maßnahmen: Zug hält auf freier Strecke, Untersuchung durch Personal. Meist haben die Auflösungen Wortlaute wie: »Haarspraymissbrauch auf dem Klo« oder »Deo auf WC versprüht«. Denn Rauchmelder unterscheiden nicht zwischen Wasserdampf, Sprühnebel oder Brandqualm. Wird ihnen die Luft zu dick, lösen sie Alarm aus.

Mit diesem neuen Hintergrundwissen enterte ich einmal einen ICE Richtung Dortmund, in dem zwei Girlies sich nach allen Regeln der Kunst aufziegelten, als reisten sie zu einem Barbie-Contest. Während der vierstündigen Fahrt drehten sie sich Lockenwickler in die Haare, trugen dreißig Minuten lang Schminke in der Dicke von Straßenasphalt auf und fischten anschließend den Lockenstab aus einer golden lackierten Handtasche, um den Mähnen einen finalen Dreh zu geben. Anschließend wurden Selfie-Bahnreise-Videos für TikTok produziert, mit einer mimischen Bandbreite aus Unschuld und Wollust sowie niedlich hin und her wiegenden Köpfen. Das umsitzende Publikum verfolgte das Szenario im inneren Konflikt zwischen Belustigung, Faszination und Erschütterung. Mein beherrschendes Gefühl hingegen war Angst. Was, wenn eine der Influencerinnen mit Spraydose aufs Klo ginge?

Am Ende hatten wir alle Glück: Der Zug nach Dortmund verspätete sich aus herkömmlichen Gründen.

ACHT STUNDEN SCHICKSALSGEMEINSCHAFT

Jetzt bloß nicht die alte Dame verlieren. Und nicht die junge Frau. Geschweige denn die Nerven. Zusehends wachsende Meter vor Tina legt Clara trotz Rucksack und Hochschwangerschaft einen Spurt hin, den man nicht einmal einer sportlichen Mittdreißigerin ohne baldige Niederkunft zutrauen würde. Was, wenn sich in diesen Sekunden die Fruchtblase verabschiedet? Tina hat zu wenig Zeit, um sich das auszumalen, denn hinter ihr macht Gertrud schlapp. Die Achtzigjährige hat zunächst prima mitgehalten, doch jetzt verliert sie an Tempo, und ihre um den Hals gehängte Reisetasche schlenkert nach vorn und hinten wie eine Schiffsschaukel auf der Kirmes.

»Gertrud, noch ein paar Meter, gib alles!«, ruft Tina, und mit einem verzerrten Lächeln holt die Angefeuerte das Letzte aus sich heraus. Auch Clara hat die Lage erkannt und das Tempo gedrosselt.

»Super, Gertrud, gleich hast du's geschafft!«

Und dann, zwei Minuten später, stehen die drei Frauen am Gleis des Düsseldorfer Hauptbahnhofs, steigen in den ICE ein und klatschen sich ab, während er bereits losrollt. High Five! Zug erreicht, Vorsatz eingehalten. Denn an einem bestimmten Punkt der Reise, während der sich die Heldinnen dieser Geschichte kennenlernten, hatte Tina verkündet: »Wir sind jetzt eine Schicksalsgemeinschaft und ziehen das zusammen durch!«

Welche Umwege, Wirrnisse und Herausforderungen bis zum Erreichen des Ziels namens Hamburg vor ihnen liegen, wissen sie natürlich nicht, als die Zug-Reservierungen sie acht Stunden zuvor – ja, acht! – am Hauptbahnhof Bonn in einem Sechserabteil zusammenführen.

Gertrud, Clara und Tina teilen es sich mit zwei Geschäfts-Yuppies. Während die Herren in blauen Anzügen bei einer Videokonferenz via Laptop und Kopfhörer die Chancen neuer Marketing-Strategien mit Hilfe von Künstlicher Intelligenz erörtern, machen sich die Anderen miteinander bekannt und stellen fest, dass alle dasselbe Ziel ansteuern. Fahrtzeit: vier Stunden, dreißig Minuten, keine Umstiege. Normalerweise.

Gertrud, schneeweiße Locken und überdimensionierte Brille, hat vor ihrer Verrentung die korrekte Verwendung von Spendengeldern für Sozialprojekte im Ausland überprüft. Jetzt ist sie unterwegs zu ihrem Sohn. Vielleicht auch eine Art Überprüfung.

Clara, etwa dreißig, über deren volleyballgroßem Achter-Monat-Bauch sich ein schwarzes Übergrößen-Shirt und eine offengelassene lange, blaue Strickjacke spannen, ist bei einer Behörde für Cybersicherheit angestellt und will vor der Geburt ihres zweiten Kindes eine Schulfreundin in Hamburg besuchen. Tina, Anfang vierzig und in einem Museum arbeitende Historikerin, ist auf dem Weg zur Geburtstagsfeier eines Freundes. Schnell einigen sie sich auf das »Du«, plaudern ein wenig und vertiefen sich in die ausgepackte Lektüre. Zeitung, Roman, Broschüre zur Geburtsvorbereitung. Die Männer in Blau konferieren vor sich hin.

Wie gut, dass alle reserviert haben, denn links und rechts von den Abteilen platzt der Zug geradezu vor Fußball-Fans. Es ist nasser Sommer und Europameisterschaft in Deutschland. Massen von Menschen in entsprechender Garderobe aus Schals und Trikots wollen zum Hamburger Match zwischen Tschechien und der Türkei. Hier und da tönen schiefe Gesänge, aber es ist elf Uhr, da ist man noch nicht so auf Partytemperatur. Außer wenn man aus Schottland oder den Niederlanden kommt.

Das erste Unheil dräut, als die Bahn-App einen Oberleitungsschaden nur einen Bahnhof später anzeigt. Eine entsprechende Bord-Ansage allerdings bleibt aus. Wahrscheinlich schon behoben.

In Köln/Mülheim aber gesteht der Zugbegleiter den Oberleitungsschaden als Folge von Unwettern und formuliert die Hoffnung, dass es bald weiterginge. Man könne jedenfalls ruhig aussteigen und frische Luft schnappen. Im Nu verwandeln vor allem die Fußballfans den Bahnsteig in eine langgezogene Insel aus Zigarettendunst.

Nach dreißig Minuten ein Update: In einem vorausfahrenden Zug gebe es einen ärztlichen Noteinsatz. Man könne deshalb keine Prognose für die Weiterfahrt geben. Abteil-Gemurmel zwischen Ratlosigkeit und Betroffenheit. Nach 45 Minuten stellt die Deutsche Bahn jedem frei, ein Taxi zum Hauptbahnhof Düsseldorf auf Unternehmens-Rechnung zu nutzen.

Die längst nicht mehr videocallenden Männer in Blau sind unschlüssig. Was würde die KI empfehlen? Die drei Frauen jedenfalls kommen schnell zu einer Entscheidung, angetrieben von der resoluten Clara: »Wir machen das jetzt, basta!«

Nach einer kurzen, aber heftigen Dusche durch einen Köln-Mülheimer Wolkenbruch sitzt das Trio patschnass im Wagen eines freundlichen Fahrers. Hier wird der Pakt ausgesprochen: Wir sind jetzt eine Schicksalsgemeinschaft und ziehen das zusammen durch!

Angekommen am Zwischenziel, der nordrhein-westfälischen Landeshauptstadt, geht es um wenige Minuten. Der ICE Richtung Hannover steht am Gleis. Clara setzt zu ihrem unfassbaren Spurt an. Gäbe es die Schwangerlympics, das wäre die Direkt-Qualifikation gewesen. Gertrud hingegen baut ab, doch Tina hält die Truppe zusammen.

Nun sitzen sie im nächsten Zug, aufgefrischt mit Hoffnung, dass sie zweieinhalb Stunden später in Hannover den Anschluss Richtung Hamburg nehmen werden.

Das klappt sogar, allerdings sieht das Drehbuch dieser Reise noch etwas anderes vor. Wenn schon Drama, dann richtig. Nach nur zehn Minuten Fahrt hält der Folgezug ab Hannover auf offener Strecke.

»Werte Fahrgäste, leider wurde vor uns ein Weichendefekt festgestellt«, verkündet die Zugbegleiterin. Ihre Ernte besteht aus galgenhumorigem bis entgeistertem Gelächter. Zwanzig Minuten später folgt die Erklärung, dass kurzfristig keine Reparatur zu erwarten sei. Der neue Plan sieht vor: zurück auf Los, nach Hannover. »Es tut mir leid, ich danke Ihnen« – sie holt gut hörbar Luft und schickt aus tiefster Seele einen Seufzer in die Anlage – »für Ihre Geduld.«

Bis der Zugführer auf die andere Seite des ICE gewechselt hat und man wieder in Hannover steht, vergehen dreißig Minuten. Dort gilt es, andere Züge durchzulassen, bis man auf die Ausweichstrecke kann.

Tina holt Wasser aus dem Bordbistro, in dem Speisen und Snacks ausverkauft sind: Der Bestand konnte nicht aufgefüllt werden.

Auf der letzten Reise-Etappe steigt die Spannung, denn Tina kommt die Rolle der doppelten Notversorgerin zu. Zunächst klagt Clara über Unterzuckerung und Schwindel. Mit Nüssen und Riegeln aus ihrem Für-alle-Fälle-Paket päppelt Tina die Schwangere samt Fötus auf. Nächste Patientin: Gertrud. Schon zuvor ist sie mehrfach mit zusammenhanglosem Gefasel aufgefallen, hat die Kosten ihrer letzten Zahnreinigung mit dem angeblichen Reiseziel Buxtehude vermengt oder Sätze wiederholt.

Nun meint die Achtzigjährige, sie wisse nicht, ob ihr Sohn nicht gerade auf Sizilien Urlaub mache. Claras und Tinas Diagnose: geistige Verwirrung infolge von Dehydrierung – Gertrud hatte in den vergangenen Stunden keinen Schluck getrunken, um den Gang auf die Zugtoilette zu vermeiden. Da im Bordbistro nun auch das Wasser aufgebraucht ist, besorgt Tina ein alkoholfreies Weizenbier. Es behebt das Dilemma nicht vollständig, doch Besserung ist spürbar. Die beiden Jüngeren veranlassen Gertrud, ihren Sohn anzurufen, um über die Ankunft in einer dreiviertel Stunde zu informieren.

Und dann, kurz darauf, passiert's: In Claras Unterleib zieht es. »Fuck!«, ruft sie und hält sich den Ballbauch.

»Was?«, ruft Tina erschrocken und weitet die Augen. »Fuck!«

»Autsch«, sagt Clara.

Gertrud setzt zu einem holprigen Bericht von der Geburt ihres Sohnes an, der ja inzwischen in Hamburg wohnen würde.

Wilde Gedanken schießen durch Tinas Kopf. Was passiert jetzt? Würde es auf den letzten Kilometern zum Äußersten kommen? Sturzgeburt, wie verhält man sich? Wenn die im Bordrestaurant keine Getränke mehr haben, gibt es wenigstens Wasser aus der Leitung, genügend Handtücher und eine Schere für die Nabelschnur? Welcher Ort würde auf der Geburtsurkunde des Kindes stehen? ICE 680? Sollte Tina in der Sekunde der Niederkunft bei Googlemaps den aktuellen Ort checken?

Und weiter: Welche Auswirkungen auf eine Biografie mochte es haben, wenn man in einem Zug der Deutschen Bahn zur Welt kommt? Wäre das später eine plausible Erklärung für die Eigenschaft, stets unpünktlich zu sein? Gäbe es zur Begrüßung lebenslang eine kostenlose BahnCard?

Ja, solche Gedanken können einem da kommen. Und trotz aller Abenteuerbereitschaft ist Tina ziemlich froh, als Carlas Bauchzwicken nach drei Minuten abebbt.

Durchatmen. Dann endlich kommt die lange nicht für möglich gehaltene Nachricht: »Liebe Gäste, in wenigen Minuten erreichen wir Hamburg Hauptbahnhof. Dieser Zug endet hier.«

Und damit auch die achtstündige Reise der Schicksalsgemeinschaft. Vor dem Abschied am Gleis, dessen Herzlichkeit Gertruds Sohn mit Erstaunen zur Kenntnis nimmt, haben Clara, Tina und Gertrud ihre Nummern ausgetauscht und eine WhatsApp-Gruppe gegründet, in der vier Wochen später das Foto von Claras zweiter Tochter gepostet wurde. Sie heißt »Sänk you for travelling with Deutsche Bahn«. Also, die Gruppe!

ULF SEIN KUMPEL: HERZSTÜCK IM WEICHENBAU

Als Ulf sein Kumpel in die Werkshalle kommt, drehen sich alle zu ihm um, grinsen und fangen an zu singen.

»Heja, BVB, heja BVB, heja-heja-heja BVB!«

Ulf sein Kumpel guckt in die Runde, verzieht das Gesicht, als hätte er ein Glas Weinessig auf Ex getrunken, müht sich ein Lächeln ab, winkt die Luft an die Seite und ruft: »Jajaaaa, is' gut, geht arbeiten.«

Unter besseren Umständen würde sich der Angestellte im Weichenwerk Witten – tief im Westen in verstaubter Sonne – mordsmäßig freuen, wenn die Kollegen das Vereinslied seiner Borussia sängen. Bloß: Unter besseren Umständen täten sie das gar nicht. Die Hymne trällern sie ausschließlich dann, wenn Dortmund am Tag zuvor eins auf die Mütze bekommen hat. Aus Häme. Das machen BVBler übrigens auch mit Schalke-Fans, wenn die nach einer saftigen Pleite wieder auf Schicht kommen. Und dann müsstet Ihr mal sehen, wie Ulf sein Kumpel mitschallert, aber hallo!

Fies, gemein, unkameradschaftlich? Ach, hömma! Im Ruhrpott ist diese Art von Piesacken eine Bekundung von Zuneigung. Ja, is' wirklich so! Die Aufmerksamkeit, von jemandem liebevoll-rustikal auf den Arm genommen zu werden, die muss man sich erstmal verdienen. Richtig Gedanken um die Sympathie seitens der Kollegen hätte sich

Ulf sein Kumpel machen müssen, wenn sie nicht gesungen hätten. Hier, in einer der Hallen des Weichenwerks in meiner Heimatstadt, einem für die Deutsche Bahn bundesweit extrem wichtigen Ort.

Bevor dessen Bedeutung angemessene Vertiefung erfährt: Warum heißt Ulf sein Kumpel nicht Peter, Atze oder Manni? Das hat mit dem Ergebnis einer offiziellen Anfrage an die Deutsche Bahn zu tun. Auf meine Bitte um Vermittlung eines Menschen, der beim Weichenwerk arbeitet und mit mir sprechen würde, kam aus dem Konzern dieselbe Reaktion wie auf sämtliche meiner Anfragen: keine. Die Annahme, ein Schreiberling wolle sich mit der Billigmethode, auf das Unternehmen einzudreschen, eine zumindest bronzene Nase verdienen, lag offenbar deutlich vor einem Vertrauensvorschuss. Von der Erfolglosigkeit dieser Bemühungen erzählte ich bei einem Sommer-Grillabend meinem alten Schulfreund Ulf. Und der sagte sofort: »Ein Kumpel von mir arbeitet im Weichenwerk, ich frag den mal.«

Damit dieser Freund, der umschweiflos zusagte, keinen Ärger wegen der Umgehung offizieller Wege bekommt, heißt er Ulf sein Kumpel. Kurz: UsK. Bevor jemand die falsche Grammatik moniert – pardon, ich weiß, das ist nicht ganz korrekt. In astreinem Ruhrdeutsch müsste es natürlich »Ulf ihm sein Kumpel« heißen. Im Pott tut man da zu Recht drauf achten, aber das liest sich zu umständlich.

UsK ist ein waschechtes Kind des Ruhrgebiets. Stellen Sie sich einen Typen im besten Alter vor (das reicht laut eigener Erfahrung von zwanzig bis ultimo), bei dessen erstem Anblick man intuitiv weiß: Mit dem kannst du die

Nacht durchzechen, über das Leben philosophieren, jede Menge Blödsinn erzählen, nach dem letzten Schluck Bier losziehen, um Pferde zu stehlen und auf denen durch den Wilden Westen reiten, um Gary Cooper um »12 Uhr mittags« nicht im Stich zu lassen. So einer ist das.

Als ganz junger Kerl lernte und arbeitete UsK als Heizungs- und Wasserinstallateur. Ende der Achtziger wechselte er zu Opel, in das heute geradezu legendäre Bochumer Werk in unmittelbarer Nähe zur Stadtautobahn. Blechverarbeitung, Karosseriebereich, Tür-Einschweißen, Endmontage – das volle Programm hat er durchlaufen. »Als ich 1990 angefangen habe, waren wir 26 000 Mitarbeiter«, sagt er. Doch mit den Jahren häuften sich die Personaleinsparungen, die Krise bei Opel weitete sich aus. »Allmählich fing es an zu stinken, Bochum stand immer mehr auf der Kippe.« 2011, vier Jahre vor der Stilllegung, zog UsK die Reißleine, »da waren wir noch 2800 Leute.«

Wenige Wochen zuvor hatte ihm seine Frau Silvia eine Großanzeige unter die Nase gehalten: Das Weichenwerk Witten suchte Personal. »Ist dat nich wat für dich?«, fragte sie. Und tatsächlich, Ulf sein Kumpel ihm seine Frau – wie es korrekt heißt – landete einen Volltreffer. Weil erstens das Werk händeringend auf der Suche nach fähigen Leuten und zweitens im persönlichen Gespräch von UsK sofort überzeugt war, hatte der Mann schneller einen neuen Job als Lucky Lukes Schatten schießen kann.

Seitdem arbeitet er in einer der bedeutendsten und ältesten Produktionsstätten der Bahn. 1963 als Central-Werkstätte der Bergisch-Märkischen Eisenbahn gegründet, wurden hier zunächst Wagen, Lokomotiven, Stellwerks- und Signaleinrichtungen repariert. 1930 folgte die Spezialisierung auf Weichen. Ab 1951 firmierte das Gelände als Ausbesserungswerk, seit der Gründung der Deutschen Bahn AG heißt es offiziell Werk Oberbaustoffe Witten.

Ist aber auch wurscht, das mit den Namen. Was zählt: Hier im Herzen Westfalens produzieren fünfhundert Angestellte pro Jahr rund tausenddreihundert neue Weichen für das gesamte deutsche Schienennetz, mit modernen Schmiedeverfahren, unterstützt von Schweißrobotern. Bis zum Jahr 2030 pumpt die Bahn 30 Millionen Euro in weitere innovative Technik. Denn eins ist klar: Für die Generalsanierung im Schienennetz benötigt die DB mehr neue Weichen als je zuvor. Ohne sie wird der Zugverkehr weder flexibler noch pünktlicher.

Mittendrin in diesem enorm wichtigen Großbetrieb, dessen Hallendächer aus der Luft aussehen wie hintereinander gereihte Riesen-Parmesanreiben, mittendrin also: Ulf sein Kumpel. Zu den Stationen, die er seit 2011 durchlaufen hat, gehörte auch die Maschineninstandhaltung, und zwar »mit allem Furz und Feuerstein«, wie er zu sagen pflegt. Elementar dabei: die Notdienst-Rufbereitschaft für Reparaturfälle an den Weichen oder gar die komplette Neubeschaffung. »Innerhalb von vierundzwanzig Stunden können wir bis zu dreißig Meter lange Weichen bauen und deutschlandweit liefern«, erzählt UsK mit hörbarem Stolz.

Wie wird die denn überhaupt hergestellt, diese Weiche, die schon vom Begriff her so erstaunlich ist, weil es doch um was Stahlhartes geht?

Diese wichtige Konstruktion, die den Wechsel von einem Gleis auf ein anderes ermöglicht, kommt als Rohmaterial im Werk an. Im so genannten Segment 1, was heißt: Hier passiert alles, was Späne verursacht. Das Material wird auf die richtige Länge gesägt und an einem Ende dünner gefräst. Mit einem anderen dünnen Schienenende wird sie bei großer Hitze verschmolzen. Im so genannten Herzstück, das in der Mitte sitzt, können später die Weichen dahin gestellt werden, wo die Reise hingehen soll – nach links oder rechts. Das ermöglichen bewegliche Zungen.

Es wird geschweißt, gehobelt, geschliffen, poliert, bis alles millimetergenau sitzt und mit den Schwellen verschraubt werden kann. In Segment 2 geht's um die Fertigmontage, das Zusammenfügen der einzelnen Teile zu einem großen Ganzen.

Würde UsK das in der Fachsprache detailliert auseinanderdröseln, dürften die Ohren von uns Ahnungslosen schlackern, bis sie wund werden. Deshalb lassen wir das mal lieber.

Mittlerweile arbeitet der Wittener in der Qualitätssicherung, also quasi dem Weichen-TÜV, der überprüft, ob alles sitzt und funktioniert und ob das Werkzeug dafür noch tauglich ist. Außerdem betreut er einmal im Quartal das Tochterwerk im oberpfälzischen Schwandorf, ein Schwellenwerk.

In brenzligen Ausnahmefällen, wenn Not am Mann ist, fährt UsK mit raus an die Gleise. Beispielsweise, als in Köln-Nippes fürs Einbauen ein Bohrloch fehlte. »Da gibt's Spezialbohrer, die du auf die Schienen aufsetzt, das muss aber auch auf den Millimeter genau sitzen«, erklärt UsK.

Ein Berufsleben in Präzision. Kann man sich bei Ulf seinem Kumpel sehr gut vorstellen, denn auch bei Fixpunkten in seiner Biografie gibt es kein Verrutschen und Vertun, die hat er so sicher im Gedächtnis eingeschraubt wie eine Weiche auf der Schwelle.

Es war der 18. Mai, als er seine Frau kennenlernte und der 2. Januar, als er bei Opel anfing. Das Vorstellungsgespräch im Weichenwerk war um fünfzehn Uhr, der erste Arbeitstag dort ein Dienstag. Wörtlich eingebrannt hat sich auch der 23. Juli 2015. Es war 9.30 Uhr und gerade Frühstückspause, als der Vorarbeiter ins Megafon brüllte: »Feuer! Alle raus!«

Schweißarbeiten am Dach hatten den Brand ausgelöst. Ein Teil der Weichenrichthalle wurde zerstört, »aber es war unser großes Glück, dass das Feuer die Maschinen nicht erreicht hat«, sagt UsK. »Ich weiß nicht, ob bei einem größeren Schaden der Standort Witten überlebt hätte.«

So daten- und kalendersicher der Mann ist, er kennt auch seine Schwächen. »Manchmal ist mein Mundwerk schneller als mein Gehirn«, sagt er. »Das kommt nicht immer gut an.«

Als ihn ein klugschwätzender Vorgesetzter über eine angeblich technisch viel bessere Vorgehensweise belehren wollte, meinte UsK bloß: »Ich könnte Ihnen dazu was sagen, aber das verstößt gegen meine Prinzipien.«

»Wieso?«, wollte der Typ wissen, »was denn für Prinzipien?«

»Zu denen gehört: Mach einen Doofen nicht schlau, den kriegst du nie wieder doof.«

Ups, das saß. Danach war die Stimmung ähnlich entspannt wie beim BVB am letzten Spieltag anno 2023, als die Schwarz-Gelben gegen Mainz die Meisterschaft versemmelten. Übrigens, es ist nicht schwer zu erraten, welche Hymne damals angestimmt wurde, als Ulf sein Kumpel nach dem Fiasko die Werkshalle betrat.

Das gilt es hinzunehmen, aber sonst lässt er auf die Kollegen nix kommen. »Natürlich gibt's auch mal eine rustikale Ansage, aber das muss so sein, und danach ist alles wieder töfte.« UsK schätzt den Geradeaus-Ton, die Ehrlichkeit, den festen Zusammenhalt in der Truppe, die Loyalität des Werksleiters, den Spaß untereinander, auch gelegentliche Streiche. Kann schon mal vorkommen, dass ein Kollege nach seinem Urlaub den Spind zugeschweißt vorfindet oder die Werkzeugkiste versteckt wurde. Einfach, weil man sich mag. »Hömma, dat is halt Ruhrgebiet«, sagt Ulf sein Kumpel.

Unser Gespräch und der Nachmittag neigen sich dem Ende entgegen. Die letzte Geschichte, die Ulf sein Kumpel mir erzählt, unterstreicht, was für ein ehrlicher und ehrenwerter Mensch vor mir sitzt. Nämlich einer, der für das DFB-Pokalspiel 2008 zwischen Dortmund und Bayern statt vier bestellter Tickets acht bekommt, zum Preis von vier. Fatales Versehen seines Vereins. Aus den überschüssigen Tickets hätte UsK locker einen Profit im hohen dreistelligen Bereich schlagen können.

»Nee, so was machste nicht«, sagte Ulf sein Kumpel zu sich, »irgendwann trifft dich das Karma.« Er rief in der Geschäftsstelle des BVB an und klärte die Sache auf. Dank seiner Aufrichtigkeit stellte der Verein fest, dass der Fauxpas bei 25 weiteren Bestellungen passiert war. »Wenn Sie mal einen besonderen Wunsch haben, melden Sie sich«, sagte der damalige Leiter der Ticketing-Abteilung.

Ein dreiviertel Jahr später hatte UsK tatsächlich einen: Sein Sohn, nennen wir ihn Dominik, träumte laut von einer BVB-Dauerkarte, normalerweise mindestens so schwer zu ergattern wie ein Weihnachtsbaum im Sommerschlussverkauf.

Kurz darauf hatte Dominik eine.

»Siehsse, da hat das Karma zurückgeschlagen«, sagt sein Vater und lacht.

Wir zahlen. Und jetzt? Ulf sein Kumpel und ich beschließen, umgehend Pferde zu stehlen und loszureiten. Gary Cooper wartet schon.

Durchsage

Entschuldigen Sie die verspätete Abfahrt.
Ein Fahrgast hat nach eigener Aussage Satan
gesehen und die Toiletten umdekoriert,
deswegen mussten wir kurz die Polizei rufen.

Durchsage

Alle Fahrgäste, die richtig gut Englisch sprechen,
jetzt bitte mal weghören.

SONDERFAHRT IM GEISTERZUG

Die Zeichen stehen auf Entspannung total. Der ICE vor Leos Nase steht ein ganzes Stück vor der Abfahrtszeit bereit und ist komplett leer. Es ist ein unaufdringlich milder Frühsommer-Samstag, an dem Leo seinen Bruder in Dresden besuchen möchte. Der Ethnologie-Student an der Universität Leipzig hat sich also am späten Vormittag aufgemacht zum Hauptbahnhof, die riesige Halle durchquert und freut sich nun, dass der Anblick am Gleis eine pünktliche Ankunft verheißt.

Noch leuchtet keine Fahrtanzeige an dem Zug auf, aber egal. Leo drückt auf den grünen, runden Türöffner. Nichts geschieht. Na gut, nochmal etwas kräftiger. Wieder nix. Seltsam. Gerade, als Leo sich nach dem dritten vergeblichen Versuch abwenden will, zischt es, und die Türhälften gleiten auseinander. Na bitte, geht doch!

Im menschenleeren Abteil hat Leo die freie Auswahl. »Hammer!«, murmelt er und macht sich in einer Viersitzlandschaft breit, fläzt die Beine über den Nachbarsitz und will gerade den Podcast »Browser History: Die legendärsten Momente der Internetgeschichte« weiterhören. In der Folge geht's um die berühmte auf Facebook gepostete Party, die tausende Uneingeladene zum Fiasko machten. Doch dann fällt sein Blick auf die Leuchtanzeige. »Zug in Wartung« steht da.

Wie hat man sich Leos Gesicht in dieser Sekunde vorzustellen? Ungefähr so, wie jemand guckt, wenn er feststellt, dass ihm das Portemonnaie in den Gulli gefallen ist. Oder wie einer, der merkt, dass er in einem Zug sitzt, der in Wartung ist. Schleunigst raus hier! Leo stürmt zurück zur Tür und drückt. Nix! Drückt nochmal. Nix! Vielleicht im nächsten Abteil? Auch nicht. Nach fünf weiteren Fehlversuchen in den nächsten beiden Wagen steht fest: Leo ist gefangen. Doch damit nicht genug. Mit einem kleinen, feinen Ruck setzt sich der ICE auf einmal in Bewegung. Nein! Das darf nicht wahr sein! Panisch eilt Leo durch die Wagen. Irgendwo muss sich doch jemand aufhalten, oder muss er bis nach vorn zum Triebwagenführer und laut schreien? Oder war das etwa ein ferngesteuerter Zug? Ein Geisterzug? Und wohin zum Teufel fuhr der?

Auch die offen stehenden Dienstabteile mit ihren Verkabelungen, senkrecht hängenden Telefonen, Schaltern und Kleinbildschirmen: unbewohnt! Leo kneift sich, weil das eigentlich nur ein bekloppter Traum sein kann, wacht nicht auf und eilt weiter nach vorn. Wird er gerade Hauptdarsteller in einem Mystery-Film? Was soll der Blödsinn?

Im letzten Wagen der ersten Klasse nimmt der junge Mann von Weitem eine Bewegung wahr, die sich in einer Scheibe spiegelt. Als die Schiebetür auseinanderklafft, sitzt vor ihm ein Zugbegleiter, dem bei Leos Anblick das Smartphone aus der Hand rutscht.

»Was um Gottes willen machen Sie hier?«, ruft der etwa zehn Jahre ältere Mann in Dienstkleidung. »Sie dürften gar nicht in diesem Zug sein!« Leo spürt, wie sein Gegenüber mit Blicken checkt, ob er gewaltbereit sein oder werden könnte.

Leo versucht ein beschwichtigendes Lächeln und erklärt alles. »Gibt's doch nicht«, sagt der Bahn-Angestellte anschließend. Auch er kann sich keinen Reim darauf machen, wieso der Zug überhaupt zu öffnen und später nicht mehr zu verlassen war.

Wie auch immer, die wichtigere Frage lautet: »Wo fahren wir eigentlich hin?«

»Auf ein Außengleis weiter hinten«, so der Zugbegleiter, »der ICE muss gereinigt werden.«

»Ach, aha, und dann geht's wieder zurück?«, fragt der blinde Passagier.

»Das kann ich Ihnen nicht sagen«, so die Antwort. »Wenn Sie Pech haben, fahren wir sofort weiter Richtung Frankfurt.«

Es dauert einen Sekundenbruchteil, bis Leos Hirn die Bedrohung an sein Gesicht weitergereicht hat. Es verzieht sich ungläubig. »Das ist nicht ihr Ernst, oder?«, fragt es.

»Naja«, sagt der DB-Mensch, »wir könnten sie bestimmt unterwegs rauslassen.«

»Und jetzt?«

»Jetzt sind wir da. Ich erfahre bald, wie es weitergeht.«

In diesem Moment stoppt der ICE, ein ganzes Stück vom Bahnhof entfernt, zwischen anderen Zügen in einer Landschaft aus Schienen.

Unmittelbar danach öffnen sich die Türen, beim ersten Fingerdruck übrigens, und etwa zehn Leute kommen mit einem »Guten Tag« sowie Putzutensilien und Eimern an Bord.

In den folgenden dreißig Minuten, die sich für Leo wie sechzig anfühlen, verteilen sich die Reinigungskräfte auf den langen Schlauch aus Abteilen. Sie putzen Tische ab, sammeln Papier ein, reinigen Displays, wischen die Böden. Der Zugbegleiter und Leo müssen die Füße heben, und Leo entfährt ein Lachen.

»Das ist so surreal, wenn ich das meinem Bruder erzähle!«

Apropos, dem muss er schnell eine Nachricht schreiben, dass es später würde, »ich berichte dann«.

Jetzt heißt es warten. Ein bisschen Smalltalk, ein bisschen Handy-Daddeln, ein wenig Zeitung lesen.

Dann endlich ist es so weit. Der Zug blitzt und duftet, und von Leos Nachbar kommt eine gute Nachricht. »Wir fahren erst nochmal zurück zum Hauptbahnhof.«

Der Student atmet tief durch. »Das ist gut, in Frankfurt war ich kürzlich erst.« Nach einer gemütlichen Fünf-Minuten-Fahrt hält der Geisterzug wieder am Bahnhofsgleis. Die Türen öffnen sich, und Leo denkt nur: »Sauber!«

Durchsage

Nächster Halt: Essen Hauptbahnhof.
Next stop: Food Central Station.

AUF FERNEN SCHIENEN: ROST, WHISKY, 1001 NACHT

Bis hierhin dürfte hinlänglich klar geworden sein: Eine Bahnfahrt in Deutschland hat Potenzial für Leidensgeschichten wie für Comedy-Programme. Es könnten gern ein paar Überraschungen weniger sein. Abenteuerlich aber ist das Zugreisen auch im fernen Ausland, und je weiter weg, desto besser. Ein Urlaub unter Vollkontrolle mit Flug, All-inclusive-Bändchen, Mitmach-Programm am Pool und RTL-2-Empfang auf dem Zimmer mag erholsam sein. Bloß ist es dann wurscht, ob man auf Malle oder den Malediven abends in die Kissen fällt.

Wer dagegen Land und Mentalität erspüren will, sollte es durchqueren, am besten mit Zug oder Bus. Drei Bahnreisen im fernen Ausland werde ich – zumindest bis zum Eintritt in die Demenz – nie vergessen. Die erste führte durch Thailand, Mitte der Neunziger, von der Backofen-Hitze Bangkoks zum Badeort Hua Hin.

In den Klassen 1 und 2 ist der letzte Abendzug voll wie ein Konzert von Taylor Swift. Letzte Chance: die dritte Klasse. Kostet nur ein paar Pfennige und bietet das volle Aroma thailändischen Alltags. Die meisten der abgeschrammelten Holzbänke, abgewetzt von den Jahrzehnten, sind auch hier schon okkupiert.

Den einzigen Platz bietet eine Nische auf dem Boden nahe am Ausgang, die ich mir mit einem niederländischen Paar teile. Um uns herum ausschließlich einheimische Bevölkerung. Wie viele Stunden der Bummelzug für die 200 Kilometer gebraucht hat, entzieht sich meiner Erinnerung. Gespeichert aber ist die Magie einer engen, stickigen, vom Schleier der Erschöpfung überzogenen Nachtfahrt. Tropenhitze, geöffnete Fenster, unter den Decken rotieren kleine, museumsreife Ventilatoren. Einheimische krümmen sich schlafend über ihre Großeinkaufstüten, haben die Köpfe in den Nacken geklappt und öffnen träumend ihre Kiefer wie beim Zahnarztbesuch. Ins Gesicht einer ratzenden Mutter ragt ein Bein ihrer kleinen Tochter, der Sohn sabbert im Traum ihre linke Schulter feucht.

Vor uns schläft ein älterer, zahnloser Mann, der sich an seine Einkaufsbeutel lehnt. Gerade als ich mich frage, ob und wo es hier Toiletten gibt, erwacht der Typ und und liefert die Antwort: indem er sich in die Hocke begibt, mir den Rücken zudreht, eine Flasche befüllt, zuschraubt und sich wieder hinkauert. Glücklicherweise saugt die Hitze der Nacht alle Flüssigkeit aus meinem Körper, so dass meine Blase nichts zu melden hat.

Der Zug ächzt voran. Draußen zieht der geschwärzte Dschungel vorbei, Grillen reiben ihre Schallwellen in die Abteile. Mitten in diesem dunklen, schwülen Irgendwo hält der Zug plötzlich an einem gottverlassenen Bahnhof. Zwei Männer steigen zu, mit Taschen auf den Schultern, aus denen sie Snacks reichen – und Mekong, den thailändischen Whisky. Die Niederländer und ich nicken uns zu und sichern uns eine Flasche.

Nach einigen Stunden kommen wir im Morgengrauen an, im Paradies am Meer, durchgeschwitzt und nicht nur berauscht vom Fusel, sondern von einer unwirklich scheinenden Fahrt.

Erstaunlicherweise kam dem Whisky glatte zwanzig Jahre später erneut eine nicht unerhebliche Bedeutung zu. Mit meinem Freund Gorden unternahm ich einen Rucksack-Trip durch Indien, und wir befolgten den Ratschlag von »Moped-Werner«, einem umtriebigen Mann, der erst Hufschmied, dann Kindergärtner und später Techniker in einer Zweirad-Werkstatt und beim 24-Stunden-Rennen von Le Mans war. Der Tipp des weitgereisten Kumpels, um den Gott des verseuchten Darms, Montezuma, auszutricksen: vor jedem Frühstück einen Whisky trinken, zur Desinfektion des Magens. Kann ich nur weiterempfehlen, wir blieben durchweg gesund.

Am Reisetag Nummer zwei soll es von Delhi nach Agra gehen, zum sagenumwobenen Taj Mahal. Nach Einnahme des Destillierten und des köstlichen Reiskuchens Idli steuern wir den Bahnhof an. Das riesige Areal ist nicht nur Tummelplatz für Reisende und Ware, sondern auch für Hunde, Affen und Ratten. Die Prozedur am Ticketschalter beweist, dass Indien Deutschland in puncto Bürokratie tief in den Schatten stellt. Da reicht der Reisepass nicht aus, es gilt Formulare mit Angaben zu allem Schnick und Schnack auszufüllen. Letztlich kann man froh sein, nicht die Schuhgröße der Urgroßmutter nennen zu müssen.

Bis wir unseren Wagen in der Sleeper Class beziehen können, vergehen fünf Stunden mehr als gedacht. Verspätungen der Deutschen Bahn nähme man in Indien mit Kusshand, da gelten Verzögerungen von sechzig Minuten als erstrebenswert.

Um 19.40 Uhr kommt er endlich an, unser langer, quietschender Wurm aus Eisen. Ein rostiger Zug in schmutzighellem Blau. Beim Einsteigen wird gequetscht wie beim Schlussverkauf. Der überaus freundliche und aufmerksame Schaffner, ein korpulenter, schwitzender Mann um die Fünfzig, weist uns das Abteil zu. Hier ist Platz für sechs Liegen. Eisenstreben schraffieren die offenen Fenster. Der Zug rollt an, die Türen bleiben geöffnet, auf den ersten Metern springen Leute nochmal auf oder ab.

Mit den zwei Mitreisenden verständigen wir uns durch Gesten und ein paar gezielte Sprachbrocken, es ist offen und herzlich. Rakesh und Nilay heißen sie.

Erst spät verstehen wir, warum auf den Sitzen im Gang vor uns eine enorme Fluktuation herrscht: Neugierige Inderinnen und Inder wechseln sich damit ab, uns von den Plätzen aus beobachten zu können. Dass wir Stichpunkte fürs Reisetagebuch machen, facht das Interesse der Mitreisenden weiter an.

Das gleichmäßige Rattern des Zuges beim Fahren über die Schwellen gibt der Reise einen Rhythmus, die Diesellok quarzt ihren rußigen, derben Atem durch die Abteile. Von draußen mischt sich der Qualm von Feuern dazu, über denen sich Menschen etwas zubereiten. Wir reisen durch ein Land, das sich wirtschaftlich und technisch wie kaum ein anderes im Aufwind der Moderne befindet, und in dem trotzdem die Zahl der Menschen wächst, die leben müssen wie Tiere, ohne jegliches Eigentum außer verschlissenen Kleidern an ihren Leibern.

Der Zug klackert und klackert, lässt eine wehmütige Rauchwolke hinter sich und erzählt uns Geschichten von früher. Wir fühlen uns wie nach einem Zeitsprung in die

Vergangenheit, wie die Figuren aus einem alten Roman voller vergilbter Seiten.

Dann sitzt da plötzlich ein etwa fünfzigjähriger Mann, der unsere volle Aufmerksamkeit auf sich zieht. Turban, langer Bart mit grauen Anteilen, in schlichtem hellen Gewand, kerzengerade Haltung, makelloses Gesicht, schneeweiße Zähne, wachsamer Blick aus tiefdunklen Augen. Eine aristokratische Erscheinung.

Plötzlich erhebt er sich und setzt sich neben uns, mit dieser unverändert straffen Körperhaltung, diesem Stolz, im Blick eine fordernde Neugier. Er will unsere Herkunft wissen, sein Englisch ist quasi nicht vorhanden, aber das Nötigste versteht er. Der Mann und seine Begleiter kommen aus dem Norden und haben eine lange Pilgerreise in den Süden vor sich. Es sind Sikhs.

Wir bitten ihn, uns auf der Karte zu zeigen, woher genau er stammt, und bei der Frage bekommen seine Augen etwas Blitzendes und gleichzeitig Warmes, er richtet sich noch straffer auf, um Achtung zu signalisieren. Zusammen studieren wir die ausgeklappte Landkarte unseres Reiseführers, reden mit Händen und Füßen.

Rakesh und Nilay sind inzwischen eingeschlafen. Eine Viertelstunde vor unserer Ankunft ist der Mann mit der außergewöhnlichen Aura verschwunden – taucht aber wieder auf, um uns den Bahnhof von Agra rechtzeitig anzukündigen. Ausstieg, Handschütteln, große Dankbarkeit für diese Begegnung. Wir blicken nochmal zurück: Der Sikh steht im Rahmen der Zugtür wie in einem Gemälde, ein Zeitreisender aus 1001 Nacht, und hebt langsam und würdevoll die Hand zum Abschiedsgruß. Ein Anblick, den mein Gedächtnis fotografiert und eingerahmt hat.

Krasser Wechsel auf der Landkarte: Welche Assoziationen kommen beim Stichwort Iran? Diktatur, Bedrohung, Israel-Konflikt. Seit 2018 verknüpfe ich mit Iran unvergessliche Erlebnisse in einem wunderschönen Land. Die irrsinnige Pracht der Lotfollah-Moschee in Isfahan, die magischen Ruinen der alten Stadt Persepolis, die Paläste in Teheran, die Dichterstadt Shiraz und erst recht diese herzlichen, gastfreundlichen Menschen können nichts dafür, dass das frühere Persien von einer der ersten Demokratien im Nahen Osten zu einem totalitären Staat wurde.

Gorden und ich unternahmen unseren Rucksack-Trip ausgerechnet um den Zeitpunkt herum, an dem ein gewisser Donald Trump das Atomabkommen aufkündigte. Ein Nackenschlag für das Land, das gerade mit dem aufblühenden Tourismus und einer dezenten Öffnung nach außen Hoffnung geschöpft hatte.

Wo auch immer wir aufkreuzten, winkten uns Leute zu, riefen »Welcome to Iran« oder sprachen uns kurz an, ohne je aufdringlich zu sein. Das erlebten wir auch beim Schaffner unseres Nachtzuges von Teheran nach Isfahan. Freundlich führte er uns zum Abteil, um anschließend um ein gemeinsames Foto zu bitten.

Erst dann hatten wir Zeit, unserer Begeisterung über das Abteil Luft zu machen. Blitzsauber, ausgestattet mit Fernseher, schicken Gardinen, feiner Bettwäsche. Für umgerechnet 18 Euro. Wir genossen die siebenstündige Fahrt durch das weite Land und die mitgenommene Köstlichkeit Leghimat, das sind Teigbällchen aus Dattelsirup, Reismehl und Eiern. Am nächsten Morgen wurde uns das Frühstück serviert, natürlich im Preis inbegriffen. Ankunft? Pünktlich.

Nicht minder komfortabel fielen die Trips zu weiteren Etappen mit dem Bus aus – in deutlich breiteren und fett gepolsterten Sitzen, die man zum Schlafen fast in die Waagerechte stellen konnte. So fanden auch meine Klischees wunderbar in den Schlaf, die den Iran mehr oder minder als Entwicklungsland gespeichert hatten, in dem es ähnlich laut, dreckig und chaotisch zugeht wie auf den Straßen oder Schienen Indiens.

Der Kulturschock kam erst auf der Rückreise, im Flieger von Istanbul nach Berlin. Wenn man noch beseelt ist von Begegnungen mit den Menschen des Iran, die Stolz, Herzlichkeit und Bescheidenheit ausstrahlen und die einem vor Augen führen, was bedeutend und was unwichtig ist, dann fällt es sehr schwer, den Dialog zweier deutscher Best-Ager auf den Nebensitzen zu ertragen. Sie haben sich über den Kaffee an Bord beschwert.

*

Ich danke Euch allen herzlich für die Reise zum Buch. Alles wirkliche Leben ist Begegnung!

Maike Beilschmidt, Juliette Anhalt, Hartmuth, Torsten Höse, Gerd Fenslau, Ulf Schumann, Ulf sein Kumpel, Igor & Klaus, Victoria Ebnet, Gunter »Knut« Schwarz, Frank Oberhof der Berliner DB-Angestellte, Heiko Grauel, Tina Langner, Dirk Kiffmeier, Christoph Hümmeler, Leo-Maxim Schauer, Gorden Stelmaszyk.

Die Zugdurchsagen stammen teils aus den sozialen Medien und aus YouTube-Uploads, teils aus eigenem Erleben.

Eulenspiegel Verlag –
eine Marke der Eulenspiegel Verlagsgruppe Buchverlage GmbH

ISBN 978-3-359-03073-7

Umschlaggestaltung: Verlag

Druck und Bindung: buchdruckerei.de, Stahnsdorf bei Berlin

www.eulenspiegel.com